KB176675

윤동주의 대학과 형무소

박균섭 경북대학교 사범대학 교육학과 교수

경북대학교 사범대학 교육학과를 졸업하고 한국학중앙연구원 한국학대학원을 거쳐 성균관대학교 대학원에서 철학박사 학위를 받았다. 저서로는 『선비정신연구: 앎, 삶, 교육』, 『선비와 청빈』, 『인격과 교육 사이의 파열음』(공저), 『근대와 교육 사이의 파열음』(공저) 등이 있다. 논문으로는 「선비와 늑대」, 「최익현과 일본: 일본정부 비판과 항일의병 투쟁」, 「안중근의 꿈: 교육자, 독립투사, 평화운동가의 길」, 「윤동주의 릿쿄대-도시샤대 유학과 그 파장」 등이 있다.

경북대학교 인문교양총서 61

윤동주의 대학과 형무소

초판 1쇄 인쇄 2024년 8월 20일
초판 1쇄 발행 2024년 8월 30일

지은이 박균섭
기 획 경북대학교 인문대학
펴낸이 이대현
편 집 이태곤 권분옥 임애정 강윤경
디자인 안혜진 최선주 강보민
마케팅 박태훈 한주영

펴낸곳 도서출판 역락
출판등록 1999년 4월 19일 제303-2002-000014호
주소 서울시 서초구 동광로 46길 6-6 문창빌딩 2층(우06589)
전화 02-3409-2060(편집), 2058(마케팅)
팩스 02-3409-2059
홈페이지 www.youkrackbooks.com
이메일 youkrack@hanmail.net

ISBN 979-11-6742-742-7 04910
978-89-5556-896-7 04080(세트)

*정가는 뒤표지에 있습니다.
*잘못된 책은 바꿔 드립니다.

이 책은 정부재정(지원)사업(국립대학육성사업)으로 한국연구재단의 지원을 받아 경북대학교 인문대학에서 제작되었습니다.

윤동주의 대학과 형무소

박균섭 지음

경북대학교 인문교양총서
061

역락

머리말

대학이나 대학 교육을 규정하는 말들은 발생사적으로 서양 중세대학 이래의 빛(Lux)과 진리(Veritas)의 언어로 표상되기 마련이다. '대학과 진리', '대학과 교양', '대학의 자유' 등과 같은 말을 대표로 들 수 있다. 그런데 본서의 타이틀은 윤동주를 주인공으로 하되, 그의 앎과 삶의 세계를 드러내는 어법으로 대학과 형무소를 내세웠다. 윤동주의 대학과 형무소. 어떤 경우의 수를 놓고 보더라도 이런 낯설고 생경한 단어의 조합을 찾기는 어려울 것이다. 하지만 이는 시인 윤동주의 27년 1개월 18일의 너무나도 짧은 삶, 그 불행과 비극을 형용하기에는 나름의 적절성을 띠는 제목이 될 수 있다. 제목을 『윤동주의 대학과 형무소』라고 했지만, 그 제목에 축자적으로 접근하는 방식의 글쓰기로 나아가지는 않을 것이다. 윤동주의 대학 생활이나 형무소 생활, 그 자체를 조명하는 작업이라기보다는 윤동주의 시심과 그의 젊음을 따라가다 보면 그가 다닌 대학이, 그리고 그가 갇힌 형무소가 어떤 비극과 파멸로 이어졌는가에 대해 거론할 수밖에 없는 것이기에, 그 문제 상황을 풀이하는 데 집중하고자 하였다.

평온한 삶과 그 일상이 가능한 세상이었다면, 윤동주에게 연희전문학교-릿쿄대학-도시샤대학으로 이어지는 대학은 하늘의 별과 같은 꿈과 희망, 그리고 이를 이루어가는 학문적 성장과 경험의 재구성 과정을 보여주는 공간이 되었을 것이다. 윤동주가 시를 통해 드러낸 그의 내면을 보면, 그에게도 별과 같은 꿈이 있었을 것이고 그 꿈은 응당 자신의 성장과 발전은 물론 민족, 국가, 독립, 자주의 문제에 대한 공부와 성찰의 힘으로 작용했을 것이다. 하지만 그의 대학 생활은 항상 전쟁 상태[칼] 내지는 그 복류화 과정[국화]으로 설명될 수밖에 없는 일본인 기형론의 자장으로부터 자유로울 수가 없었다. 그리하여 윤동주에게 대학 생활은 민족의식의 유발자로 내몰리는 계기로 작용하였고, 당시 일본의 형무소는 여러 정황 근거를 통해 볼 때 생체실험의 희생자로 죽음에 이르는 비극의 통로가 될 수밖에 없었다. 윤동주가 어느 정도의 강성을 지닌 민족주의자였는가에 대한 질문과는 상관없이 당시 사상탄압 전문 특별고등경찰의 시선은 이미 윤동주를 불온 인물, 불령선인, 독립운동 혐의자, 치안유지법 위반자로 규정했다는 사실에 주목할 필요가 있다. 세상은 윤동주의 편이 아니었고, 그의 심중·내면은 삶의 일상을 꾸려갈 수 있는 상태일 수가 없었다. 윤동주의 27년 1개월 18일의 짧은 삶, 그 비극에 이르는 배경과 계열에 그가 다닌 여러 대학이 있었고 그가 갇힌 형무소가 있었다.

윤동주의 본적지는 조선 함경북도 청진, 출생지는 만주국 간도성, 이를 두고 사람들은 윤동주의 정체성을 쉽사리 주변인-경계인으로 분류하는 경향이 있다. 윤동주는 함경북도 청진을 본적지로 두었고 북간도 이주민 4세의 삶을 살았다. 이것만 가지고 볼 때 윤동주의 정체성을 명징하게 설명하기는 어려울 것이며, 그런 윤동주에 대해 주변인-경계인의 성격을 갖는다고 말할 수도 있을 법하다. 하지만 이 역시 단정적인 말투로 언급하거나 상상할 일은 아닐 것이다. 윤동주의 정체성, 그의 진정한 앎과 삶의 세계는 기본적으로 우리말 글쓰기를 통해 확인할 수 있다. 한국근현대사의 비극을 조금이라도 헤아린다면, 윤동주의 앎과 삶의 세계에 대해 세계-내-존재의 본연성, 언어-내-존재의 밀착성을 읽어내는 방식으로 논의의 깊이를 채워갈 수 있을 것이다. 조선의 청년·학도 윤동주, 그는 식민권력에 의한 언어적 유폐·금고 상태에서도, 줄곧 우리말 글쓰기를 시도했으며, 그로 인해 그는 민족의식 유발자로 단죄되었던 사실을 기억해야 한다.

윤동주의 앎과 삶, 그 굴곡에 대한 마음 아프고 가슴 시린 얘기는 한국근현대사 및 민족수난사에 대한 탐구 주제라고 말할 수 있다. 삶의 일상에 대한 얘기가 되었건 학술 연구 주제가 되었건, 우리가 인문학적 성찰과 비판의 대상으로 삼을 일이 있다면 그것은 개인의 자아의식과 삶의 주체성에 관한 일인 것이고, 이는 민족의식과 국가정체성에 대한 논의로 이어질 것이다. 윤동주의 앎과 삶의 세계에 대한 논의 과정에서 응당 자아의식, 주체성, 정체성 문제에 대한 성찰적 논의가 요청되는 것도 이 때문이다.

교양서를 낼 때는 그 규격에 맞게끔 글을 작성해야 하건만, 본서는 윤동주 관련의 이런저런 주장을 방증할 수 있는 학술 문헌 자료의 인용·제시 과정에서 과부하에 걸린 곳들이 있다. 이는 윤동주에 대한 일본발 논의 주제를 정밀하게 논술하기 위한 방략에 따른 것이다. 그리고 윤동주의 시와 산문을 본문에 인용할 경우에는 현행 표기법이 아닌 원문 그대로를 실었다. 이는 말과 글과 이름의 절멸 시대를 견뎌냈던 윤동주의 숨결을 그대로 포착하는 의미를 갖는다고 보았기 때문이다. 이러한 글쓰기가 독서공부에 불편을 끼칠까 저어되는 점은 있지만, 윤동주의 앎과 삶의 세계를 정밀히 그려내려는 작은 충정의 발로임을 고백하면서 이 책을 세상에 내놓는다.

2024. 4. 19.

박균섭

목차

제1장

누가 그의 밝고 당당한 모습을 보았는가

1. 1945년 2월 18일, 북간도 명동촌에 전보가 날아들었다

1945년 2월 18일, 만주/북간도 명동촌에 전보가 날아들었다. 전보는 "2월 16일 동주 사망, 시체 가지러 오라(トウチユウシボウシタイタイトリニコイ)"는 청천벽력 같은 내용이었다. 이렇게 윤동주(1917.12.30.~1945.2.16.)는 27년 1개월 18일의 시간, 그 짧은 삶을 마감하였다. 윤동주는 일본 후쿠오카에서 한줌의 재가 되어 부친의 품에 안겨 돌아와 자신이 태어나고 자란 용정 땅에 묻혔다. 아버지가 아들에게, 할아버지가 손자에게 묘비에 새겨 넣은 말은 '시인 윤동주'였다. 윤동주의 짧은 삶은 이렇게 시인으로서의 정체성을 명백히 한 것이었다.

윤동주의 정체성을 규정하는 언어로는 저항시인, 민족시인, 애국시인, 서정시인, 청년시인, 국민시인, 기독교시인 등과 같은 말이 쓰인다. 하지만 윤동주는 세상을 떠난 뒤에 시인이 되었고 그를 소개하고 정전화하는 주체들의 관점에 따라 기억되고 해석되던 사정이 있었음을 고려한다면 윤동주를 민족저항시인, 순수

서정시인, 부끄러움과 성찰의 시인 등으로 통념화하는 것은 부분이 전체화되어 표상되는 측면이 없지 않다고 말할 수 있다(정우택, 2021). 이같은 용어가 윤동주의 삶을 온전히 표상한 것인가를 묻는 작업이 필요하다. 한 예로 윤동주를 기독교시인이라고 할 경우, 윤동주가 기독교 집안에서 태어나 자란 것은 맞지만, 그렇다고 해서 윤동주의 시세계를 민족의 기억이 아닌 종교적 숭고성을 드러내고자 하는 접근은 문제가 있다. 윤동주의 앎과 삶, 그의 시세계를 그리는 데 있어 역사·정치적 맥락을 배제한 상태의 종교성과 보편성이란 그다지 힘을 갖기 어려울 것이다(김신정, 2009).

2. 윤동주의 마지막 사진, 마지막 소풍, 마지막 노래

윤동주의 정체성, 그의 시세계에 대한 접근과 해석 양상을 파악할 수 있는 중요한 표식으로 현재 일본 교토에 세워져있는 시인 윤동주를 기념하는 세 곳의 시비를 들 수 있다.

첫 번째 시비는 1995년에 도시샤대학(同志社大學) 이마데가와 캠퍼스(今出川キャンパス)에 세웠으며, 시비에는 윤동주를 대표하는 시로 널리 알려진 「서시」(1941.11.20.)를 새겼다. 시비 건립에는, 윤동주의 삶의 궤적에 유의하고 그를 기리는 마음을 담아 그 상징을 주변에 배치하는 방식을 취하였다. 시비 남쪽에 무궁화, 시비

북쪽에 진달래, 그리고 시비로 향하는 길목에 벚꽃을 심은 것은 남한, 북한, 일본의 우정과 교류를 상징적으로 보여주고자 한 것이다.

두 번째 시비는 2006년에 교토조형예술대학(京都造形藝術大學) 다카하라캠퍼스(高原學舍)에 세웠는데, <윤동주유혼비>(尹東柱留魂之碑)라는 비석과 「서시」(1941.11.20.)를 새긴 시비가 함께 서 있다. 두 번째 시비가 세워진 곳은 윤동주가 하숙했던 다카하라의 다케다아파트가 있었던 자리이다. 윤동주는 도시샤대학을 다니기 시작한 1942년 10월부터 사상탄압 전문 특별고등경찰에 체포되던 1943년 7월 14일까지 이곳 다케다아파트에서 하숙했는데, 식민권력의 <윤동주 재판 판결문>에 적시된 치안유지법 제5조 위반 사항도 주로 이곳 다케다아파트를 배경으로 하여 발생하였다.

세 번째 시비는 2017년에 교토 우지(宇治)강 강변에 세웠는데, 시비에는 <시인 윤동주 기억과 화해의 비>(詩人 尹東柱 記憶と和解の碑)라는 푯말과 윤동주가 연희전문학교 입학 당시의 심경을 형용한 시 「새로운 길」(1938.5.10.)을 새겼다. 세 번째 시비가 세워진 우지강 강변은 1943년 5월~6월경 윤동주가 도시샤대학 영문학과 동기생들과 함께 소풍·야유회를 갔던 곳인데, 당시 우지강 강변 아마가세현수교 위에서 찍은 사진이 남아있어, 이를 배경으로 삼아 시비를 세운 것이다. 윤동주의 1943년 7월 14일 체포 시에 그가 소지했다고 알려진 창작시 전부와 일기·메모지 모두가 압수되어 전후에도 공개되거나 반환되지 않고 사라지고 말았기에, 더더

욱 윤동주의 1943년 5월~6월 어느 날의 소풍·야유회에 주목하기도 한다. 이처럼 세 번째 시비는 1943년 5월~6월 어느 날의, 윤동주의 마지막 사진과 마지막 소풍과 마지막 노래를 떠올리는 의미를 갖는다. 어쩌면 윤동주의 생애 마지막 노래였을 수도 있는 노래는 그가 주저하지 않고 불렀다는 '아리랑'이었다.

윤동주를 기억하고 기리기 위한 여러 모임의 결성과 활동 양상도 눈에 띈다. 후쿠오카·윤동주의 시를 읽는 모임(福岡·尹東柱の詩を読む会), 도시샤대학 코리아 동창회(同志社大学コリア同窓会), 시인 윤동주를 기리는 교토의 모임(詩人尹東柱を偲ぶ京都の会), 시인 윤동주를 기념하는 릿쿄의 모임(詩人尹東柱を記念する立教の会), 윤동주의 고향을 방문하는 모임(尹東柱の故郷をたずねる会), 일본·한국·재일코리언시인 공동 윤동주 탄생 100주년 기념집회(日本·韓国·在日コリアン詩人共同ユン·ドンジュ生誕100周年記念集会) 등 도쿄, 교토, 후쿠오카 등지의 윤동주 관련 단체나 조직은 정기적으로 모임을 갖고 읽기, 연구, 답사활동을 펼치고 있다. 윤동주를 기리고 그리워하고 기념하겠다는 마음을 굳이 탓할 일은 아니지만, 혹여 그들의 일부가 윤동주를 내세워 기억 전쟁을 치를 요량이라면, 이를 전면 재조정하는 작업을 통해 윤동주의 앎과 삶의 세계, 그 마음 아프고 가슴 시린 얘기를 제대로 펼쳐나갈 필요가 있을 것이다.

3. 윤동주를 통해 식민지적 죄의식을 면제받으려는 사람들

윤동주 관련 여러 행사 및 활동에는 일본적 어법과 욕망이 개입되면서 윤동주에 대한 해석 과정에서 굴절현상이 일어날 수도 있음에 유의해야 한다. 이 지점에서 윤동주를 기억하고 기리겠다는 일부 일본인들의 활동에 대한 사에구사 도시카츠(三枝壽勝)의 비판적 독해는 일상의 무딘 생각을 깨는 아찔한 충고에 가까운 것이라고 말할 수 있다. 사에구사 도시카츠는 한국 문학에 대한 섣부른 공감이나 죄의식을 표상하는 일부 일본인들의 양심을 일거에 해체하면서, 그것은 식민지적 죄의식의 표상을 통해 심리적 면죄부를 발급받으려는 욕망이자, 조선에 대한 일본의 식민지적 우월성을 드러내는 일환이자, 다른 평범한 일본인들보다 윤리적 우위에 서고자 하는 권력의식의 표출이라고 보았다(三枝壽勝, 1999).

윤동주에 대한 논의를 본연적으로 이어가기 위해서는, 무엇보다도 그의 짧은 생애가 학교 다니고 공부하면서 늘 시를 쓰는 마음으로 채워졌음에 주목할 일이다. 윤동주의 소년시절, 용정과 평양의 학교를 다니면서 그의 배움이 시작된 상황을 이야기하고, 서울로 와서 대학 생활을 시작하면서 시대와 사회를 아파했던 그의 내면심리를 들여다보고, 유학 준비 과정에서 그의 정체성을 흔들었던 창씨개명 전후의 정신현상을 확인하고, 이어서 일본에 유학을 간 이후의 도쿄와 교토로 이어지는 그의 유학생활, 특히 그를 불행과 비극으로 빠트린 교토에서의 대학생활에 대해 살필 일이다. 이를 큰틀의 체계를 잡아 고찰하기 위해, 서울 연희전문학교 재학시절 일본 유학을 위한 창씨개명과 그 전후의 심정을 읽어내는 작업, 일본 유학시절 도쿄 릿쿄대학 재학 중에 지은 다섯 편의 시에 담긴 그의 내면의식, 교토 도시샤대학 유학 중의 조선인학생 민족주의그룹사건으로 인한 체포·구금, 후쿠오카형무소 수감, 그리고 복역 중의 생체실험으로 의심되는 의문의 죽음에 이르기까지의 상황과 장면을 정밀 조명함으로써, 그의 27년 1개월 18일의 짧은 삶, 그 불행과 비극의 실상을 보다 정밀하게 짚어보고자 한다.

제2장

용정과 평양,
소년 윤동주의 학창 시절

1. 일송정 푸른 솔, 한줄기 해란강, 거기에 독립군은 없었다

만주/북간도(현재의 중국 연변자치구 용정시 지신진 명동촌)를 배경으로 한 윤동주의 삶의 궤적에 대한 논의는 1980년대 후반, 중국 조선족 문학연구자들에 의해 이루어지기 시작하였다. 윤동주가 만주/북간도를 배경으로 이주자의 삶을 살았다는 점을 감안할 때 윤동주의 삶과 관련된 현장 연구는 중국 조선족 문학연구자들에 의해 심층 깊게 이루어질 수 있다는 장점이 있다(남송우, 2014). 그런데 중국 조선족 문학연구자들의 윤동주론의 편린이라 할 수 있는 2012년 윤동주의 생가 앞에 비치된 자연석이나 2014년 윤동주의 묘역에 세워진 표지석에는 윤동주를 '중국 조선족 애국시인'이라고 새겨놓은 것을 확인할 수 있다. 분명히 해둘 것은 윤동주의 정체성은 '중국 조선족'과는 무관하다는데 있다.

윤동주가 「별 헤는 밤」(1941.11.5.)에서 1925년~1931년 명동소학교를 입학하여 졸업하기까지, 그리고 1931년 명동촌 인근 달라즈(大拉子)에 있는 화룡현립제일소학교 6학년에 편입하여 1년간 공부했던 시절을 회상하면서 "책상을 같이했던 아이들의 이름과, 패(佩), 경(鏡), 옥(玉) 이런 이국소녀(異國少女)들의 이름"을 언급한 데서도 알 수 있듯이 윤동주에게 중국은 어디까지나 '이국'이었다(유성호, 2017). 윤동주의 증조부(윤재옥)는 함경도 대흉년(1869, 고종 6) 이래 계속되었던 간도 이주대열의 일파로 1886년(고종 23)에 식솔들을 이끌고 고향 함북 종성을 떠나 간도로 이주한 조선인이었다. 당시는 간도협약으로 불법편입되기 전의 간도였으므로 그것은 만주/북간도로 이주한 것일 뿐, 중국으로 망명하거나 이민을 간 것이 아니라는 점에서 볼 때 윤동주를 중국 근대사의 일부, 중국 조선족의 일원으로 규정하는 것은 마땅치 못한 일이다(유성호, 2017).

만주/북간도의 용정-명동촌은 가곡 <선구자>(작사: 윤해영, 작곡: 조두남)의 '일송정 푸른 솔'과 '한줄기 해란강'으로 유명한 곳이기도 하다. 그러나 일제 침략자들이 용정에 들어온 이후 용정의 해란강 가에서 말을 달릴 수 있었던 것은 일본의 만주 침략자들 내지는 조선의 친일파에게서나 가능한 얘기였다(송우혜, 2004). 우리는 가곡 <선구자>를 부르면서 독립군을 쉽게 떠올리지만, 그 '선구자'는 독립군을 때려잡는 간도특설대의 대원을 일컬을 뿐이었다.

1906년 10월, 이상설·이동녕·정순만·박정서 등이 명동촌에서 40리 떨어진 용정촌에 서전서숙(瑞甸書塾)을 짓고 신학문을 가르치다가 1년 만에 문을 닫자 1908년 4월 27일, 서전서숙의 창설이념과 교육정신을 이어받아 설립한 학교가 명동서숙(明東書塾)이었다. 명동서숙은 1909년에 명동소학교(명동학교 소학부)로 이름을 바꾸었고 명동중학교(1910)와 명동여학교(1911)가 증설되었다.

일제강점자들은 3·1독립운동 이래 반일민족투쟁세력의 제거를 위해 1920년 8월에 <간도지방불령선인초토계획>(間島地方不逞鮮人剿討計畫)을 세웠고, 1920년 10월 21~26일의 청산리전투에서 대패한 일본군은 간도의 한인 3만여 명을 무차별 학살하고 마을을 불태워 없애는 경신참변(庚申慘變)을 일으켰다. 이때 일본군은 명동학교에도 불을 질러 학교를 잿더미로 만들었다. 만주/북간도 명동촌의 개신교 집안에서 태어난 윤동주는 1925년 4월 명동소학교(명동학교 소학부)에 들어가 6년 후인 1931년 3월에 졸업하였다. 졸업 후에 바로 명동촌에서 20리 떨어진 달라즈(大拉子) 소재 화룡현립제일소학교 6학년에 편입하여 1년을 더 공부하였다. 윤동주는 1932년 4월 명동촌에서 30리 떨어진 용정 소재의 은진중학교에 입학하였고, 이 무렵 일가족도 용정으로 이사했다.

은진중학교는 중국 길림성 간도 용정에 영국령 캐나다 장로파 선교사 부두일(富斗一, W. R. Foote)이 설립(1920.2.4.)한 기독교계 사립중학교이자 민족계 교육기관이다. 교명은 "하느님의 은혜[恩]로 진리[眞]를 배운다"는 뜻으로 은진학교라 하였다(출처: "은진중학교"—한국민족문화대백과사전). 은진중학교는 1920년 2월에 개교하여 1946년 9월까지 그 이름을 이어갔다. 은진중학교의 교가는 다음과 같다(강원용, 2003).

발해나라 남경터에 흑룡강을 등에 지고
태백산을 앞에 놓은 장하다 은진
넓은 들판 이 땅 위에 젊은 배달 이내 몸을
만세 반석 터가 되는 귀하다 은진
굳세어라 은진 빛이어라 은진
저 동편 하늘 밝아올 때 너희 갈 길 보이나니 은진
네 손과 팔을 마주 잡고 발걸음을 맞추어라
만세 만세 우리 은진
노래 부르세.

은진중학교 교가를 통해, 북간도 용정에서 4대째를 살아왔던 사람들은 단군의 자손(백두산-젊은 배달)이자 발해의 후손(발해나라 남경터)이라는 역사의식과 민족 정체성을 공유하였고, 이를 자손·후손들에게 가르치고자 하였음을 확인할 수 있다. 최치원의 "고구려의 잔당들이 무리를 모아가지고 북쪽의 '백두산 밑[太白山下]'을 근거지로 하여 나라 이름을 발해라 하였다"고 한 말(『삼국사기』, 권46, 「최치원」)과 일연의 "신라고기에 이르기를 고구려의 옛 장수 대조영이 잔병들을 모아 '백두산 남쪽[大伯山南]'에 나라를 세우고 나라이름을 발해라고 했다"고 한 말(『삼국유사』, 권1, 「말갈발해」)에 유의할 때, 은진중학교 교가에서 백두산을 태백산으로 표기한 것을 놓고 보면, 교가 작성 과정에 한국 상고사 및 고대사에 대한 깊은 이해가 반영된 것을 알 수 있다.

식민사학의 훈습을 받은 한국 주류사학계는 고려의 동북쪽 강역을 함경남도 흥남지역까지로 축소하고 있지만, 두만강 북쪽 700리 지점인 선춘령(先春嶺)까지의 동북쪽 강역은 역사적으로 우리의 영토였다. 간도(間島)는 고구려와 발해의 옛 땅이다. 발해 멸망 후에 그 땅의 주인이 여러 차례 바뀌었지만, 조선 후기에 땅이 없어 살기 힘들었던 조선인들이 압록강과 두만강을 건너가 개간하고 그곳을 간도라 불렀다. 을사늑약으로 대한제국의 외교권이 불법적으로 강탈당한 상황에서 간도협약(1909.9.4.)을 통한 일제 강점자들의 만주 장악은 민족사의 무대가 붕괴되는 것이나 다를 바 없는 큰 충격이 아닐 수 없었다. 일제 강점자들이 만주 전역을 장악하면서 사실상 독립운동의 근거지마저 사라졌다.

은진중학교 교가의 "빛이어라 은진", "저 동편 하늘 밝아올 때 너희 갈 길 보이나니 은진"이라는 말을 통해 교부철학과 스콜라 철학에서 말하는 신의 조명설(Illumination Theory)을 확인할 수 있으며, 그 상징은 빛(Lux)과 진리(Veritas)의 이름으로 펼쳐지는 것을 알 수 있다. 하지만 애초에 5년제 학교로 개교한 은진중학교는 중간에 4년제 학교로 개편되었고, 이는 은진중학교 재학생들의 대학 입학 자격 문제와도 직결되었다. 은진중학교 4학년 윤동주와 문익환이 1935년 9월 1일에 평양의 5년제 학교인 숭실중학교에 편입했던 데는 기본적으로 그런 배경이 깔려있다. 용정에도 5년제 학교인 광명중학교가 있었지만 군국 일본의 본능을 짙게 드러내는 이 학교는 학생들의 자아의식과 민족정체성에 생채기를 낼 수밖에 없는 학교였다.

2. 은진중학교→숭실중학교→광명중학교, 그의 고단한 공부 여정

1935년 9월 1일, 윤동주는 은진중학교 4학년 1학기를 마친 후에 평양 북쪽 변두리 신양리에 있던 숭실중학교(당시 교장: 尹山溫—George Shannon McCune)의 3학년 2학기 과정에 편입하였다. 그런데 이는 문익환과는 달리 4학년이 아닌 3학년으로 한 학년 아래로 편입한 것으로 사실상 편입시험의 실패이자 낙제나 다를 바 없는 시험 결과였다. 이는 열아홉 윤동주가 처음으로 겪은 좌절이었고 이로 인해 그의 자의식은 크게 일그러지고 말았다(송우혜, 2004). 간혹 윤동주의 중학시절을 아름다운 세계의 균열이라고 표상하는 것은 유년의 세계에 비해 중학시절이 상대적으로 어두운 나날이었고 그 균열의 체험이 심각했다고 보기 때문이다(이남호, 2014). 윤동주의 7개월 동안의 평양 생활은 그렇게 시작되었다.

윤동주의 시 「장미 병들어」(1939.9.)는 이효석의 소설 「장미 병들다」(1938, 『삼천리문학』)와 연관성을 갖는다. 경성제국대학 법문학부를 졸업한 이효석은 1934년 평양 숭실전문학교 교수로 부임하여 숭실학원이 신사참배 거부로 폐교당할 때까지 근무했는데, 윤동주는 1935년 9월부터 1936년 3월까지 숭실중학교를 다녔던 관계로 이효석의 존재를 잘 알고 있었다. 이효석의 「장미 병들다」가 식민권력의 폭력 앞에 조선의 남녀 청년과 학생들이 자유를 박탈당한 채 병들어가고 있음을 지적하였다면, 윤동주의 「장미 병들어」는 서로가 이웃이 되지 못하고 관계 바깥으로, 사회 바깥으로 격리·배제·추방되는 것들의 상징인 병든 장미를 향해, 시인 스스로 이웃이 되는 길을 찾겠다는 의지, 병든 장미를 이웃으로 삼아 내 가슴에 묻어 살피겠다는 결의를 보인 것이라고 말할 수 있다(정우택, 2021).

이효석은 초기작품에서는 사회적 빈곤 문제에 대한 현실 비판에 나서기도 했다지만, 이미 「메밀 꽃 필 무렵」(1936, 『조광』)에서 바닥을 보인 것처럼, 그의 작품에서 현실 문제에 대한 형용은 점차 사라지고 서정성은 더욱 짙게 변모했으며, 후기로 갈수록 내선일체 사상을 다룬 일본어 소설을 창작하면서 친일 행보는 강화되었다(안영희, 2019). 대부분의 식민지 지식인들이 그랬듯이 이효석은 제국대학의 설립 목적을 이탈하지 못했고, 이는 이효석이 윤동주에게 삶의 등불이 될 수 없음을 드러낸 것이었다.

윤동주는 숭실중학교에서 3학년 2학기(1935.9.~12.)와 3학기(1936.1.~3.)를 공부했다. 그런데 당시 숭실중학교는 신사참배 문제로 인해 큰 난관에 봉착했다. 1935년 11월 14일, 평안남도 지사 야스타케 다다오(安武直夫)는 도청회의실에서 열린 관내 공·사립중등학교 교장회의에 앞서 신사참배를 종용하였다. 그 연장선에서 숭실중학교는 신사참배를 거부하다가 교장 윤산온은 파면되어 1936

년 3월 21일 미국으로 돌아갔다. 윤산온이 미국으로 귀국하기 하루 전날, 윤동주가 숭실중학교 학생 신분을 얼마 남겨두지 않은 시점에서 지은 두 시 「식권」(1936.3.20.)과 「황혼」(1936.3.25.)이 인상적이다.

「食券」

大同江 물로끄린국,
平安道 쌀로지은밥,
朝鮮의 매운고추장,

식권은 우리배를 부르게.
一九三六, 三月二十日.

「黃昏」

까마기떼 지붕 우으로
둘, 둘, 셋, 넷, 작고 날아지난다.
쑥쑥, 꿈틀꿈틀 北쪽 하늘로,

내사……
北쪽 하늘에 나래를 펴고싶다.

一九三六. 三月.二十五日/ 平壤서.

윤동주가 숭실중학교를 그만둘 결심을 했던 당시의 두 시 「식권」(1936.3.20.)과 「황혼」(1936.3.25.)을 통해, 1936년 3월 25일 시점에서 윤동주의 마음은 이미 평양을 떠나 용정에 가있었음을 알 수 있다. 바로 그 무렵인 1936년 3월 21일, 숭실중학교 교장 윤산온은 파면되어 미국으로 돌아갔고, 신사참배라는 굴욕에도 불구하고 누군가는 학생 교육을 위해 교장을 맡아야 하는 상황에서 정두현이 어쩔 수 없이 그 자리를 맡았으나, 결국 숭실중학교는 신사참배 강요에 반발하며 1938년 3월 18일 자진 폐교에 이르렀다(정종현, 2021; 백창민, 2021). 이처럼 숭실의 역사를 보면 일제의 신사참배 강요에 저항 불복하여 폐교의 운명을 예감하면서 형극의 길을 걸었음을 알 수 있다(박정신, 2010). 해방 후, 이러한 숭실의 역사는 기억되지도 주목받지도 않았는데, 이는 친일하며 권력을 장악한 기득권 세력들이 해방 후에도 계속 '삶의 지식인'이 아닌 '체제의 지식인'으로 그들의 동력을 발휘했기 때문이다(박정신, 2010).

윤동주는 신사참배 문제로 더 이상 학업을 이어갈 수 없어 1936년 3월말 숭실중학교를 자퇴하고 용정으로 돌아왔고, 1936년 4월 6일자로 용정의 광명중학교(5년제 광명학원 중학부) 4학년에 편입하였다. 그때 윤동주의 친구 문익환은 5학년에 편입하였다.

<사진 1> 1936년 윤동주의 할아버지 진갑잔치 기념사진(1936.4.17.)

맨 뒷줄 오른편 여섯 번째가 윤동주. 윤동주는 1936년 3월말 신사참배 문제로 시달리는 평양 숭실중학교를 자퇴하고 1936년 4월 6일 광명중학교 4학년에 편입했다. 그렇다면 위의 사진은 윤동주가 광명중학교 4학년에 편입하여 공부를 시작한 지 11일 만에 찍은 사진임을 알 수 있다. 응당 함께 했을법한 송몽규는 이 사진 안에 없다. 은진중학교 3학년을 다니다가 1935년 4월 허난성 낙양군관학교에 입교하여 군사훈련을 받고 11월 산둥성 제남의 독립운동단체에서 활동했던 송몽규는 1936년 4월 10일 제남 주재 일본영사관 경찰부에 검거되었다. 1935-1936년 무렵은 어느 때보다도 윤동주와 송몽규의 동선이 크게 엇갈린 시점이었다고 말할 수 있다. 사진 제공: 연세대학교 윤동주기념관.

그런데 그 광명중학교가 구마모토(熊本) 출신의 대륙낭인 히다카 헤이시로(日高丙子郎)가 경영하던 친일계학교였음을 감안한다면 윤동주의 학교 선택은 어느 모로 보나 마음 내키는 선택이었다고 보기는 어렵다. 히다카 헤이시로가 북간도에 파견된 시점은 경신참변 이듬해인 1921년 10월이었다. 히다카 헤이시로는 유교·신도·불교를 통합한 종교단체 대도사(大道社)의 편집자로 백두산 일대에 이상향을 건설한다는 계획을 갖고 간도로 건너갔으며, 그가 간도에서 학교를 설립·경영했던 것도 일본(인)을 배척했던 조선인을 지도·선도·회유하기 위한 전략에 따른 것이었다.

1946년 9월 16일, 중국 정부가 용정의 6개 학교(은진중학교, 명신여자중학교, 동흥중학교, 광명중학교, 대성중학교, 광명여자중학교)를 통합하여 용정중학교로 명명하기 전의 광명중학교의 성격을 들여다볼 필요가 있다. 히다카 헤이시로는 북간도 용정 일대를 식민주의-동아친선주의의 전진기지로 만드는 데 앞장섰다. 그는 용정에 광명회(光明會)를 조직하였고 1922년부터는 학교 설립에 착수하여 광명유치원, 광명어학교, 광명여학교, 광명고등여학교, 광명학원사범부 등을 설립하였다. 그는 당시 용정의 민족교육기관을 포섭하는 작업의 일환으로 1924년 12월, 반일 교육기관으로 이름난 영신(永新)학교를 경비 지원을 명목으로 삼아 인수하였고 학교 명칭을 광명중학교로 고쳤다.

윤동주와 문익환이 대학 입학을 위해 최종으로 졸업한 학교는 광명중학교였다. 그들이 다녔던 숭실중학교가 신사참배 거부 문제로 폐교 위기에 처하면서 용정으로 돌아와야 했고, 그 상황에서는 광명중학교 말고는 별다른 대안이 없었기 때문이다. 신사참배 문제로 인해 평양의 숭실중학교를 자퇴했던 그가 새로 편입하여 다닌 학교가 침략주의자가 경영하는 용정의 광명중학교였다는 것, 그것은 분명 모순이 아닐 수 없었다. 윤동주는 「이런 날」(1936.6.10.)에서 그 모순에 대해 말하였다.

「이런 날」

사이좋은 정문의 두 돌기둥 끝에서
오색기와 태양기가 춤을 추는 날
금을 그은 지역의 아이들이 즐거워하다.

아이들에게 하로의 건조한 학과로
해말간 권태가 깃들고
'모순' 두 자를 이해치 못하도록
머리가 단순하였구나.

이런 날에는
잃어버린 완고하던 형을
부르고 싶다

윤동주는 자신이 처한 모순에 비추어 볼수록 자신과는 대조적인 삶의 길을 걸었던, 동갑내기 고종사촌형 송몽규가 생각났을 것이다. 당시 송몽규는 독립운동의 길을 걷겠다며 1935년 3월까지 은진중학교 3학년을 다니다가 4월에 허난성의 낙양군관학교 한인훈련반(이칭: 한인특별반)에 제2기생으로 입교하였다. 송몽규는 1935년 11월 산둥성 제남지구로 넘어가 한인 독립운동가로 활동했는데, 일제 강점세력은 이를 불령선인의 불온책동으로 규정하

였고, 그는 1936년 4월 10일에 산둥성 제남에서 제남영사관 경찰부에 의해 검거되었다.[1]

윤동주가 「이런 날」(1936.6.10.)에서 떠올린 '잃어버린 완고하던 형' 송몽규는 함북 웅기경찰서에 구금되어 수사를 받고 8월 치안유지법 위반 혐의로 청진지방법원 검사국에 송치되어 취조를 받았다. 송몽규는 불기소처분으로 석방되긴 했으나 그의 이름이 요시찰인 명부에 등록되어 고등계 형사들의 감시 대상이 되었고, 이는 후일 윤동주-송몽규의 불행과 비극으로 이어졌다. 윤동주는 1936년 4월, 광명중학교(5년제) 4학년에 편입하여 그 학교를 졸업하고 연희전문학교 문과본과에 입학하였다. 1936년 8월, 웅기경찰서에서 석방된 송몽규는 용정으로 돌아와 1937년 4월, 대성중

---

1 1936년 4월 10일, 산둥성 제남에서 제남영사관 경찰부에 검거된 송몽규에 대한 특고경찰의 기록에 의하면 그가 훈련받은 군관학교의 정식 명칭은 낙양군관학교였고 그는 김구파로 분류되었다(송우혜, 2004). 낙양군관학교는 1933년 중국 허난성 낙양에 설립한 국민정부 군관학교로, 1932년 일본의 괴뢰정부 만주국이 성립되던 당시, 상하이에서는 대한민국 임시정부 국무위원 김구가 이끄는 한인애국단원 윤봉길의 홍커우공원 폭탄투척의거(1932.4.29.)가 일어났다. 이를 계기로 장개석이 김구에게 면회를 요청하여 1933년 5월 난징의 중앙군관학교에서 김구-장개석의 회합이 이루어졌다. 이때 낙양군관학교에 한인훈련반(이칭: 한인특별반)을 설치한다는 합의에 따라 1934년 1기생 교육을 통해 1935년 4월 1기생 62명을 배출하였다. 송몽규는 1935년 2기생으로 입교했으나 교육을 11월까지만 받고 그만둘 수밖에 없었다. 난징 일본영사가 중국정부에 한인훈련반을 문제삼아 해산을 요구하는 바람에 한인훈련반은 1기생 배출에 그치고 말았다(참조: "낙양군관학교"—한국민족문화대백과사전).

학교(4년제) 4학년에 편입하여 그동안 중단되었던 학업을 다시 이어갔고, 그 졸업장으로 연희전문학교 문과별과에 입학하였다.

송몽규와는 다른 선택을 했던, 그리하여 결과적으로 광명중학교에 몸을 담아야 했던 윤동주의 내면, 그의 고민과 갈등의 심연은 너무도 깊었다. 이는 광명중학교 경영에 감추어진 히다카 헤이시로의 검은 욕망이 대륙침략의 도구, 만주군관학교를 통해 결실을 맺었다는 사실을 통해서도 확인할 수 있다. 만주군관학교[만주국 육군군관학교]의 역사는 1932년 봉천에 설립한 2년제 군관학교인 봉천군관학교(정식 명칭: 만주국 중앙육군훈련처)로부터 출발한다. 봉천군관학교는 4기생부터 조선인 입학생을 받았으며 9기생 모집을 끝으로 해체되었다(5기생: 정일권, 9기생: 백선엽). 봉천군관학교를 이어받아 1939년에 만주국군이 육군 장교를 양성하기 위해 만주국 수도 신경에 설립한 4년제 군관학교가 신경군관학교이다(정식 명칭: 만주국 육군군관학교). 신경군관학교는 1939년~1945년까지 존속하였다(2기생: 박정희).(참조: "만주국 육군군관학교"—위키백과). 은진중학교, 대성중학교, 동흥중학교 출신들은 만주군관학교에 가지 않았던 반면, 광명중학교 출신들 중에는 만주군관학교로 진학하여 만군장교가 된 사람들이 많았고, 이들 만군인맥은 박정희의 5·16쿠데타에 동참하여 제3공화국의 주역으로 등장했다(송우혜, 2004).

3. '중국 조선족'이라는 용어조차 없던 시절을 살았던 윤동주

한국독립운동사의 관점에서 보자면 만주/북간도는 독립운동의 요람이기도 했지만, 이주자의 후예 윤동주에게 이곳은 조선의 밖이자 제국의 안이었고, 고향이면서도 모국의 바깥이었다(김신정, 2016). 그러나 이러한 이분법적 성격 규정은 이주자와 그 후예들의 세계관에 대한 정밀한 해석이 뒷받침되어야 할 사안이다. 둔헌 임병찬(遯軒 林炳贊)의 당시 상황에 대한 설명에 의하면, "서북사람들이 생애를 걸고 수십 년 전에 집안을 나누어 도강해 산업의 뿌리를 뻗으니 곧 외국인과 같아졌다"고 전제하면서도, 이들이 본국이 망했다는 소식을 듣고 "적개심을 이기지 못해 사적으로 학교를 개설하고 몰래 선비 무리를 연습"시켰다는 점을 지적했다(『둔헌유고』, 권4, 「관견[지기]」). 임병찬의 설명에 의하면, 만주/북간도 이주자들은 조선이 망하자 일본에 대한 적개심을 이기지 못해 사적으로 학교를 개설하거나 몰래 군사를 연습시켰다는 것을 알 수 있다. 이들이 사는 곳 만주/북간도에 대해 "조선의 밖이자 제국의 안"이었고 "고향이면서도 모국의 바깥"이었다고 쉽게 규정한다면 이는 언어적 분절성에 빠진 정밀하지 못한 설명이라고 말할 수 있다.

윤동주가 고향을 떠나 조선의 평양과 서울에 있으면서, 그리고 일본의 도쿄와 교토에 유학하면서 겪었을 자아의식과 정체성의 혼미 상태를 눈여겨볼 필요가 있다. 윤동주는 출생지인 만주/

북간도에서는 뿌리 뽑힌 디아스포라로서 두만강 남쪽의 조선을 그리워하고, 평양과 서울에 와서는 모성회귀본능으로 어머니가 계신 만주/북간도를 그리워하고, 남의 나라 일본에 가서는 만주/북간도와 조선을 모두 포괄하는 총체적이고 추상적인 조국을 그리워하는 심상지리의 소유자였다(김응교, 2012). 윤동주는 주변부 만주/북간도에서 제국의 중심지 일본으로 진입하면서 그의 고향의식이 오히려 구체화될 수 있었다. 제국주의 권력의 자장 안에서 일본은 그 중심이었겠으나, 윤동주의 의식 속에서는 보다 확실한 고향과 조국을 깨닫게 하는 헛것(시뮬라크르)에 불과한 것이었다(김응교 2012).

간도밀약(1909.9.4.) 이래, 간도는 만주국에서 중국으로 이어지는 욕망의 영토로 변용되었다. 중국에서는 1952년 9월 자치구(1955년 12월 자치주로 격하)가 설립되고 1954년 이후 중국에서 태어난 한국인을 '조선족'이라고 부르기 시작하였다. 시간적·논리적 선후 관계로 보아 윤동주를 '조선족'이나 '중국 조선족'으로 지칭하는 것은 마땅치 않다. 중국 측의 윤동주에 대한 관심사에는 국적을 두고 벌이는 욕망의 각축, 기억전쟁의 요소가 자리잡고 있다. 하지만 윤동주의 귀속성 문제에 대한 관심과 욕망의 크기에 비한다면 그들의 윤동주에게 다가가는 모습은 그야말로 건성에 가깝다. 정작 윤동주를 위한다면 윤동주를 '중국 조선족 애국시인'이라고 내세우는 무모함 이전에 윤동주의 세계관과 그의 내면심리를 포착하는 일에 진정성 있게 다가가는 모습이 먼저이어야 할 것이다. 윤동주의 비극적인 운명에 대한 측은지심보다도 그의 귀속성 문제를 두고 욕망의 각축을 벌이다보니 윤동주의 본질에 다가가지 못하고 그를 건성으로 다루는 해프닝이 벌어지는 것이다.[2]

중국은 2012년 윤동주 시인 생가에 '중국 조선족 애국 시인'이라는 화강암 비석을 세웠는데, 이는 분명 억지와 궤변에 가까운 형용이다. 그런데 중국발의 그 궤변이 중국을 벗어난 대한민국에서도 성찰 없이 전개된다는 점은 심각한 문제이다. 대한민국 교육부는 2019년 3월에 발행한 초등학교 6학년 『도덕』 교과서에서 윤

---

2 중국 동북 3성(랴오닝성, 지린성, 헤이룽장성)의 조선족학교에서 사용되고 있는 『조선어문』(2004-2007: 개정판, 2008-2009: 수정판) 초중 9학년용(중학교 3학년용)은 상·하 2권인데, 중학교 3학년 2학기 교과서(『조선어문』 초중 9학년 하권)의 "제1단원 생의 의미: 자기 절로 해보기" 란에는 <윤동주 시 2수>(「서시」, 「내 인생에 가을이 오면」)를 제시하고, 2수를 읊고 학습활동에 임하도록 하였다. 그런데 <윤동주 시 2수> 중의 「내 인생에 가을이 오면」은 윤동주의 시가 아니다. 연변교육출판사는 『조선어문』에 한국의 인터넷상에서 윤동주의 시로 잘못 알려져 있는 작품을 제대로 검토하지 않고 수록했음을 알 수 있다(윤여탁, 2010). 그런데도 연변의 조선족 학생들은 『조선어문』 초중 9학년 하권의 안내 및 지도에 따라 이 시가 윤동주의 시라고 잘못 배워왔다. 「내 인생에 가을이 오면」은 현재 시인 김준엽의 원작으로 확인된 바 있다. 그런데 이 시는 김준엽의 원작으로 확인되기 전까지 오랜 기간 윤동주 작품설, 정용철 작품설, 작자 미상설 등이 떠돌았을 뿐, 원작자 김준엽의 이름은 아예 거론된 적이 없었다. 이에 대한 자세한 논의는 『솟대문학』(1991년 장애인 문학지로 창간. 현재는 장애인 문학평론지 『솟대평론』으로 제호 변경) 측의 조사에 의해 이루어진 바 있다.

동주에 대해 "독립을 향한 열망과 자신에 대한 반성을 많은 작품에 남기고 떠난 재외 동포 시인, 바로 윤동주입니다"라고 소개하였다. '재외동포 시인, 바로 윤동주'라는 말은 분명 낯설고 불편한 지칭이다. 중국 정부의 형용을 생각 없이 따라가다 보면, 윤동주를 '중국 조선족 시인'으로 부르는 그 무딘 생각이 장차 윤동주를 중국인으로 만들고 마는 날이 올지도 모른다는 우려로 이어진다.

연변조선족자치주 용정시에는 대성중학교(1946년, 대성·은진·명신·영신·동흥·광명중학교가 통합하여 대성중학교가 됨) 옛터에 용정중학교가 자리잡고 있다. 그곳에 1993년 한국의 해외한민족연구소와 동아일보사가 비용을 부담하여 윤동주의 「서시」를 새긴 시비가 세워졌고, 다음 해에는 용정시 당국과 해외한민족연구소가 주선하여 금성출판사의 지원으로 대성중학교를 옛 모습 그대로 복원하고 기념관으로 꾸몄지만, 지금은 용정중학전람관이라는 간판이 내걸리고 그 주변으로 담장이 처져있으며 윤동주 시비도 온데간데없이 사라졌다(이계형, 2019). 그 안의 장면을 들여다보면 윤동주는 어떤 형용의 대상인지를 보다 분명히 할 수 있다.

> (용정중학전람관) 담장 안의 '별의 시인 윤동주(星的詩人 尹東柱)'라 새겨져 있던 흉상은 '중국 조선족 유명한 시인 윤동주'라 바뀌었다. 윤동주를 대놓고 '중국 조선족 시인'으로 소개하고 있는 것이다.……중국에서 발간되는 책 중에 그를 '중국에서 출생한 조선 이민 2세대 시인(尹東柱是在中國出

生的朝鮮移民第二代詩人)'이라며 아예 조선족 작가로 소개하기도 한다. 윤동주가 이곳에 살게 된 것은 그의 증조부 윤재옥이 함경북도 종성군 동풍면 상장포에 살다가 1886년 두만강을 건너 북간도 자동으로 이주하면서부터이다. 그 뒤 조부 윤하현이 명동촌으로 옮겨와 살기 시작하였다.……'조선족'이란 명칭은 1954년 이후 중국에서 태어난 한국인을 지칭하면서부터 시작되었다. 윤동주를 중국 국적의 조선족이라 할 수 있을까? 중국 정부가 굳이 윤동주를 '조선족'으로 만들려는 의도를 생각해 볼 필요가 있다. 여기에도 동북공정과 역사공정의 그림자가 드리워진 것이 아닌가 생각된다. 그는 중국 국적을 취득하지도 않았다. 1944년 3월 일본의 교토지방재판소가 윤동주에게 치안유지법 위반으로 징역 2년 형을 선고할 당시 판결문에도 그의 본적은 함경북도였다.(이계형, 2019)

윤동주는 27년 1개월 18일의 짧은 생애 중에 북간도에서 약 20년, 평양과 서울을 합쳐 4년여, 그리고 일본에서 4년을 살았다. 하지만 윤동주의 뿌리는 명백히 한국이었다. 증조부(윤재옥)는 1886년 식솔을 이끌고 고향(본적: 함경북도 청진부 포항동 76번지, 주소: 함경북도 종성군 동풍면 상장포)을 떠나 두만강을 건너 북간도로 이주했다.

윤동주에 대해 흔히 한·중·일 모두가 기리는 시인이라고 일컫는다. 그의 흔적은 중국과 북한, 한국, 일본에 흩어져 있으며, 윤동주 시비가 한·중·일 3국에 모두 있는 시인은 윤동주가 유일하다는 점을 들어 '나라'를 뛰어넘지 않고서는 그를 온전히 기리는 작업 자체가 불가능하다는 의견이 자연스럽게 안출된다. 이러한 의견이 자가발전하다 보면, 윤동주는 길지 않은 생애 동안 북간도, 평양, 서울, 도쿄, 교토, 후쿠오카 등 여러 지역에 발자취를 남겼지만, 머물렀던 모든 곳이 '남의 나라'였다는 식의 해석(한겨레, 2018.1.9.)이 과도하게 확산·공유될 수 있다는 점에서 문제적이다.

윤동주를 규정하면서 그가 머물렀던 모든 곳이 '남의 나라'였다고 한다면, 대체 그의 나라는 어디라는 말인가. 이에 대한 비판적 성찰이 빠질 경우, 윤동주를 '중국 조선족 애국 시인'이라고 부르는 중국 측의 궤변도, '재외 동포 시인, 바로 윤동주'론을 펼치는 대한민국 교육부의 무딘 감각도 당연한 얘기처럼 아무렇지 않게 받아들이고 마는 상황이 도래할 수도 있다. 윤동주에게는 그가 머물렀던 모든 곳이 '남의 나라'였던 것이 아니고, 일본이 '남의 나라'였다. 윤동주의 증조부가 함경북도를 떠나 두만강을 건너 북간도로 이주했고, 윤동주는 북간도에서 태어나 약 20년을 살았다. 하지만, 일본 교토재판소는 판결문을 통해, 윤동주가 조선 고유의 민족문화를 지키고, 조선민족의 해방·번영을 꾀하고, 조선인의 실력과 민족성 향상을 위해 노력하고, 조선 독립의 야망을 실현하는 데 앞장섰다고 판결했다. 제국주의·군국주의·식민권력이 직접 나서서 윤동주는 조선인(한국인)이라는 사실을 실토한 셈이다.

윤동주의 여동생 윤혜원은 젊은 나이에 억울하게 체포·투옥되어 후쿠오카형무소에서 죽은 오빠 윤동주를 이런저런 토를 달 것도 없이 '한국사람'이라고 규정했다.

제3장

연희전문학교 시절의 윤동주

1. 윤동주 1938, 그의 새로운 길

일제강점기의 고등교육기관은 "교수와 연구"를 하는 대학 모델과 "고등한 학술과 기예를 교수"하는 전문학교 모델로 나뉜다. "고등한 학술과 기예를 교수"한다는 연희전문학교는 1915년 3월 미국 북장로회, 미국 남·북감리회, 캐나다 장로회가 연합 설립한 조선기독대학을 주요 기점으로 삼는다. 조선기독대학(1915~1917)-연희전문학교(1917~1944)로 이어지는 구간을 놓고 보면, 연희전문학교는 1915년의 <전문학교규칙> 및 <개정사립학교규칙>, 1922년의 <제2차 조선교육령>의 적용을 받는 과정에서 식민권력의 기만과 폭력에 노출될 수밖에 없었다.

1936년~1937년에 광명중학교(5년제) 4학년과 5학년을 마친 윤동주는 21세 되던 해인 1938년 4월 9일 서울의 연희전문학교 문과 본과에 진학하였다. 1936년 8월에 함북 웅기경찰서에서 석방되어 1937년에 대성중학교(4년제) 4학년을 다녔던 송몽규도 윤동주와 같은 해에 연희전문학교 문과 별과에 진학하였다.

[표 1] 1938년 연희전문학교 문과 본과·별과 합격자 명단

延禧專門

文科本科

金宗秀 崔東振 金淑埰 白南薰
白仁俊 尹永甲 王正芳 李鏡洙
鄭寅俊 白承龍 任吉淳 金三不
辛相默 姜處重 太啓星 姜興周
李順福 韓基鴻 裵鎔建 尹東柱
柳　玲 李永柱 安春根 許　雄
吳龍淳 徐正旭 金昌壽 韓赫東
金文應 裵錫彬 金基鎬 李甲善
李起彬 金壽明 林喆熙 沈載鳳
鄭元洛 以上 三七名

文科別科

閔丙숙 嚴逢鎬 朴昌根 崔鳳喆
金顯周 宋夢奎 吳天奭 宋殷燮
康殷瑞

1938년 연희전문학교 문과 본과·별과 합격자 명단
(『조선일보』 1938년 4월 3일자에 의거하여 작성)

합격자 명단은 문과 본과 37명 문과 별과 9명 총 46명이다. 문과 본과 합격자 37명 중에 윤동주, 백인준, 강처중, 김삼불, 유영, 허웅 등의 이름이 눈에 띈다. 문과 별과 합격자 9명 중에 송몽규의 이름이 보인다. 대학 입학을 위해 5년제 중학교를 나와야 했던 당시의 흐름에 비추어 볼 때, 윤동주와는 달리, 송몽규는 4년제 중학교를 졸업하고 문과 별과에 합격했다는 점이 이색적이다.

당시 연희전문학교는 "교수와 연구"를 하는 대학은 아니었지만 "고등한 학술과 기예를 교수"하는 전문학교였던만큼 윤동주의 포부와 이상을 실현하기에는 나름대로의 적실성을 갖춘 고등교육기관이었다. 하지만 윤동주는 연희전문학교 문과에 입학하기까지 진학 문제로 아버지와 큰 불화를 겪어야 했다.

> ① 아버지께서 의과를 택하라고 권하셨으나 그는 듣지 않았다. 몇 개월에 걸친 부자간의 대립은 대단한 것이어서

어린 우리들은 겁에 질릴 정도였다.……밥을 굶기까지 하는 손자의 고민을 보시던 할아버지께서 동주의 편을 들어 중재하시고, 외삼촌 규암 선생(김약연 목사: 저자 주)도 권면하시어 아버지가 양보하셨다.(윤일주, 1976)

② 동주는 며칠씩 밥을 굶어가면서 "난 죽어도 의과는 못 한다. 문과로 가야겠다"고 고집하자, 부친은 격분했다. 물사발이 밖으로 휙휙 날고 아주 난리가 났었다고 한다.……이런 대립이 계속되더니 끝내는 동주가 생전 처음으로 집에 안 들어오는 날까지 생기도록 사태가 악화되었다. 이렇게 팽팽한 부자지간의 대립은 결국 할아버지가 개입해서야 동주 측의 승리로 종결되었다.(송우혜, 2004)

윤동주의 연희전문학교 진학과 관련한 대부분의 증언들은 윤동주의 숭실중학교 자퇴를 신사참배 반대와 관련하여 중요하게 언급하지만, 윤동주가 숭실중학교를 자퇴한 이유에 대해서는 다시 검토해야 한다는 지적도 있다. 신사참배 반대를 이유로 숭실중학교를 자퇴했던 윤동주가 신사참배에 타협하여 학교를 유지했던 연희전문학교에 진학한 이유를 선명하게 설명하기는 쉽지 않다. 연희전문학교 입학시험에 합격하여 윤동주는 문과 본과에, 송몽규는 문과 별과에 입학하였다. 4년제 대성중학교를 졸업하고 연희전문학교 문과 별과에 신입생으로 입학한 송몽규의 사례를 감안한다면, 윤동주가 상급학교 진학을 목적으로 5년제 숭실중학교에 편입하였고, 다시 5년제 광명중학교(광명학원 중학부)로 옮길 수밖에 없었다는 기존의 설명은 다시 생각해 볼 필요가 있다(홍성표, 2021). 윤동주가 광명중학교 4학년에 편입한 것은 1936년 4월 6일이었다. 이 때 윤동주가 숭실중학교의 폐교를 예감하면서 학업의 안정성 확보를 위해 광명중학교에 갔을 수도 있다. 그러나 숭실중학교가 폐교된 때는 그로부터 2년 후인 1938년 3월 18일이었다. 결과론이지만 폐교가 걱정이었다면 숭실중학교에 그대로 다녀도 될 일이었다. 선택과 결단의 삶, 그 가는 길은 누구에게나 처음 겪는 일이기에 지나고 나면 아쉬움과 후회가 남는 것이 세상사일 것이다. 숭실중학교를 그만 두고 광명중학교로 옮긴 이후의 윤동주의 내면은 그런 아쉬움과 후회가 크게 남는 장면이었는지도 모른다.

윤동주에 대한 대부분의 논의를 보면, 그가 짧게 다녔던 숭실중학교의 신사참배 관련 문제는 의미 깊게 다루지만, 연희전문학교의 신사참배 관련 문제는 크게 주목하지 않는 경향이 있다. 하지만 연희전문학교 역시 개교 이래 최대의 위기는 신사참배 문제에 있었다. 당시 연희전문학교 교장 원한경(H. H. Underwood)은 학교를 일본인에게 빼앗기지 않으려고 '신사참배'가 아닌 '신사참례'의 선에서 타협하여 폐교를 면했다고 알려져 있다(송우혜, 2004). 원한경 교장은 뉴욕의 선교본부를 방문하여 북장로교 선교사들의 교육 철수에 반대하고 학교를 계속 유지하기 위한 방안을 모색한 결과 전도사업과 분리된 교육사업을 계속해 나갈 수 있었다(홍성표, 2021). 하지만 불법·무도한 식민권력 앞에서 '참배(參拜)'를 '참례(參禮)'로 바꿔 말할 수 있는 언어 유창성, 전도사업과 분리된 교육사업을 임기응변적으로 말할 수 있는 순발력도 예사롭지는 않다.

장로교와 감리교가 연합하여 설립한 연희전문학교는, 일제하 식민지 조선에서 교회의 지도자 양성을 목적으로 설립한 다른 기독교 학교와는 달리, 조선 민족의 지도자 양성을 목적으로 설립한 학교였고, 그리하여 신사참배 국면에서도 전도사업과 교육사업을 분리 대응하여 후자에 집중할 수 있었다는 얘기이다. 선교사들은 이 땅에 입국하자, 마태복음(제9장 35절)의 지침에 따라 여러 회당에서 가르치고(teaching), 복음을 전파하며(preaching), 모든 병들고 허약한 사람들을 고쳐주는(healing) 포교 사업을 시작하였다. 교육-전도-의료를 중요한 포교 수단으로 삼았던 그 궤적에 유의할 때, 과연 전도사업과 교육사업을 분리 대응하여 후자에 집중하겠다는 방략은 실현 가능한 얘기인 것인지, 그렇다면 북장로교 계열의 학교에서는 왜 이러한 순발력·융통성을 발휘할 수 없었던 것인지, 그리고 전도사업과 교육사업의 분리를 통한 민족계몽운동은 어떤 실질적 의미와 향후 전망을 갖는 것인지에 대한 답변이 있어야 할 것이다.

「새로운길」

내를 건너서 숲으로
고개를 넘어서 마을로

어제도 가고 오늘도 갈
나의길 새로운길

문들레가피고 까치가 날고
아가씨가 지나고 바람이 일고

나의길은 언제나 새로운길
오늘도……내일도……

내를 건너서 숲으로
고개를 넘어서 마을로

윤동주의 시 「새로운 길」(1938.5.10.)을 통해, 연희전문학교 신입생 윤동주의 들뜬 기분과 정서 상태, 그의 설레는 마음과 삶의 미래에 대한 희망과 포부를 읽을 수 있다. 윤동주가 연희전문학교 1학년 여름방학을 맞아 용정에 갔을 때 광명중학교에 다니던 후배 장덕순에게 자랑처럼 애기했던 서울과 연희전문학교에 대한 인상은 캠퍼스에 만발한 무궁화, 우리 국기의 상징인 태극마크, 우리말로 강의하는 조선문학 등으로 표상되는 색다른 세계였다. 그 기분, 그 정서는 연희전문학교에 입학하여 한 달 쯤 지났을 때의 윤동주의 시 「새로운 길」에 잘 나타나 있다.

서울 종로구 청운동에 있는 윤동주문학관의 안내책자에 실린 윤동주의 생애는 "1917년 중국 길림성 화룡현 명동촌 출생"으로 시작해서 "1945년 2월 16일 오전 3시 36분 후쿠오카 형무소에서 옥사. 북간도 용정 동산의 중앙교회 묘지에 윤동주 유해 안장"이라는 구절로 끝난다. 이 약력을 읽으면 순간적으로 당황하게 된다. 온 국민이 사랑하는 민족시인 윤동주가 중국에서 태어나 일본에서 세상을 떠나고 다시 중국 고향 땅에 묻혔다면, 윤동주에게 서울은 무엇이었을까? 1938년 서울에 처음 올라와 연희전문학교에 입학한 윤동주는 여름방학에 용정으로 돌아와 광명중학 학생이던 후배 장덕순에게 이렇게 이야기했다. "만주 땅에서는 볼 수 없는 무궁화가 캠퍼스에 만발했고, 도처에 우리 국기의 상징인 태극 마크가 새겨져 있고, 일본말을 쓰지 않고, 강의도 우리말로 하는 조선문학도 있다." 윤동주의 시를 소개할 때 빠지지 않는 설명이 북간도 명동촌에서 민족교육을 받고 자랐다는 점이다. 그러나 그가 다니던 시절의 명동소학교는 외삼촌 김약연 목사가 교장으로 있던 시기의 민족교육 학교가 아니라 인민학교였으며, 1915년에 발표된 중국 정부의 교육법에 따라 중국어와 일본어를 정규과목으로 가르쳤다. 그나마 6학년 때에는 중국인 소학교에 편입해 공부했으므로 중국어로 배우고 생활하게 되었다. 광명학원 중학부에서 일본어 교육을 받을 때 지은 시는 띄어쓰기도 되지 않은 국한문혼용체였는데, 윤동주가 서울에 와서 가장 먼저 지은 시 「새로운 길」은 "내를 건너서 숲으로/ 고개를 건너서 마을로/ 어제도 가고 오늘도 갈/ 나의 길 새로운 길"처럼 한글 전용이 되었다. 시내에 들어갔다 학교로 돌아오는 날에는 창천 내를 건너서 연희 숲을 지나 기숙사로 돌아왔는데, 이 구절은 최현배 선생에게서 조선어를 배우며 아름다운 모국어로 시를 짓게 된 변화한 자신의 모습을 노래한 것이기도 하다.(허경진, 2016)

윤동주는 연희전문학교 신입생 시절 「새로운 길」(1938.5.10.)을 통해 배움의 길에서 힘차게 전진하는 그의 내면을 보여주는 것과 함께 「사랑의 전당」(1938.6.19.)을 통해 그를 찾아온 사랑, 그가 찾아간 사랑을 그려냈다. 윤동주는 입학한 지 얼마 안 되어, 이화여자전문학교의 순이(順=順伊)라는 여학생을 만나 사랑에 빠졌고, 1941년 연희전문학교를 졸업하던 해 초반까지 그의 아련한 사랑, 그 연심은 계속되었다.

「사랑의殿堂」(1938.6.19.): "順아 너는 내殿에 언제 들어 왔든것이냐? 내사 언제 네殿에 들어갔든것이냐?……우리 들의 사랑은 한낫 벙어리 였다."

「少年」(1939.9.): "여기저기서 단풍닢 같은 슬픈가을이 뚝뚝 떠러진다.……손금에는 맑은 강물이 흐르고, 맑은 강물이 흐르고, 강물속에는 사랑처럼 슬픈얼골—아름다운 順伊의 얼골이 어린다. 少年은 황홀이 눈을 감어 본다. 그래도 맑은 강물은 흘러 사랑처름 슬픈얼골—아름다운 順伊의 얼골은 어린다.

「눈오는地圖」(1941.3.12.): "順伊가 떠난다는 아츰에 말못할 마음으로 함박눈이 나려, 슬픈 것 처럼 窓밖에 아득히 깔린 地圖우에 덮힌다."

송우혜(2004)는 윤동주의 사랑 얘기와 관련하여 후배 정병욱의 증언을 수집·채록한 바 있다. 정병욱은 윤동주보다 나이로는 5년 아래, 학교로는 2년 후배였으며, 함께 하숙했던 사이이기도 하였다. 정병욱이 아니었더라면 윤동주의 시집 『하늘과 바람과 별과 시』는 이 세상에서 빛을 보지 못했을 것이다. 바로 그 정병욱의 증언에 따르면, 윤동주와 순이는 교회 바이블클래스에서 서로 눈길만 오갔을 뿐이라고 했다.[1] 그 이상의 진전된 사랑을 목도

1 정병욱의 증언이 갖는 신빙성은 선배 윤동주와 후배 정병욱 사이의 각별

하지 못했다는 뜻일 것이다. 윤동주도, 정병욱도 이화여자전문학교 내의 협성교회를 다니면서 케이블 목사 부인이 지도하던 영어 성서반에 들어 공부했음을 감안한다면 상당한 신빙성을 갖는 말이다. 이를 윤동주의 입장에서 말하자면 마음속으로 짝사랑만 했다는 것일 수도 있다. 윤동주는 그 짝사랑, 이루지 못한 사랑을 두고 "우리들의 사랑은 한낱 벙어리였다"고 형용했다. 그 마음 조리는 짝사랑은 연희전문학교 재학시절 내내 계속되었던 것으로 보인다. 윤동주가 「눈 오는 지도」(1941.3.12.) 이후 「바람이 불어」(1941.6.2.)를 통해 "단 한 여자를 사랑한 일도 없다. 시대를 슬퍼한 일도 없다"고 한 것은 개인적 차원의 고뇌(짝사랑마저 깨진 그 실연의 아픔)와 사회적 차원의 고뇌(민족-조국-시대를 잃았던 그의 슬픔)로부터 초연할 수 없었던 그의 내면을 반어적으로 표상한 것이라고 말할 수 있다.

윤동주가 연희전문학교 교수 최현배, 이양하, 정인섭의 가르침을 받은 것은 각별한 일이었다. 윤동주는 사실상 연희전문학교

함을 통해서도 확인할 수 있다. 정병욱은 윤동주의 졸업식(1941.12.27.) 때에도 두 장의 엽서를 보내 졸업을 축하하였다. ① "祝卒業// 언니가 떠난다니 마음을랑 두고가오/ 바람곧信있으니 언제다시 못보랴만/ 이깃븜저시름에 언니없어 어이할고./ 一九四一, 十二, 炳昱 들임." ② "祝卒業// 저언니 마음에사 冬栢꽃 피면지고/ 冬栢꽃 피온고장 내故鄕이아닌가/ 몸이야 떠나신들 꽃이야잊을소냐./ 一九四一, 十二, 炳昱 들임."(왕신영·심원섭·오오무라 마스오·윤인석 엮음, 1999).

4년, 릿쿄대학 반년(1학기), 도시샤대학 1년(2학기)의 대학교육 기간을 고려하면, 연희전문학교야말로 그가 입학해서 졸업할 때까지 다닌 유일한 고등교육기관이었다는 것을 알 수 있다. 당시 윤동주의 앎과 삶의 세계는 어떤 모습이었을까.

<사진 2> 1941년, 연희전문학교 4학년 윤동주와 2학년 정병욱이 함께 찍은 사진

정병욱은 윤동주보다 학교로는 2년 후배였지만, 나이로는 5년 아래였다. 윤동주는 자필 시집을 3부를 필사하여 그 중의 1부를 후배 정병욱에게 건넸다. 정병욱은 1944년 학도병으로 떠나기 전에 광양 망덕(전남 광양시 진월면 망덕리)의 고향집에 들렀을 때, 윤동주의 육필원고를 어머니에게 맡겼고, 어머니는 아들이 건네준 원고를 명주 보자기에 싼 뒤 항아리에 넣어 마루 밑 깊숙이 묻어 보관하였다. 윤동주의 시집 『하늘과 바람과 별과 시』는 그렇게 해서 세상의 빛을 볼 수 있었다. 그런 인연 때문이기도 했을 것이다. 1955년에는 윤동주의 남동생 윤일주와 정병욱의 여동생 정덕희가 결혼했다. 사진 제공: 연세대학교 윤동주기념관.

식민교육의 기만과 폭력, 그 독성에 유의한다면, 윤동주의 표정과 몸짓 어디에서도 순수의 서정, 미래에 대한 기대를 말하기 어려울 것이다. 식민교육 연표에 의하면, 윤동주가 연희전문학교 1학년생이었던 1938년은 제3차 조선교육령(1938.3.)에 의한 국체

명징, 내선일체, 인고단련을 내세운 살벌·혹독한 병학일여·군교일치의 전시교육체제가 작동되던 시기였다. 그에게 어떤 기쁘고 행복한 표정, 밝고 당당한 몸짓이 드러났다면 이는 그저 전쟁주의·전시체제의 독성 가득한 공간 속에서 잠시잠간 드러나는 안정성이 결여된 표정이자 몸짓이었다고 말할 수 있다.

윤동주가 연희전문학교에 입학하던 해인 1938년의 여름에는 흥업구락부 사건이 발생하였다. 이로 인해 당시 연희전문학교 교수 최현배는 교수직을 박탈당하고 도서관 촉탁으로 근무했는데, 이 때 윤동주는 최현배의 <조선어> 강좌를 수강하였다. 교수직을 박탈당하기까지의 사정에 대해 최현배는 다음과 같이 회상하였다.

> 나는 학업을 마치고 1926년 봄에 연희전문학교의 조교수로 취임하였다.……연희는 나의 교육이상의 실현의 곳으로 선택된 것이었다. 그러나 왜정의 동화정책, 식민지 교육방침에 굴레 씌워진 당시의 우리의 교육은 도저히 나의 교육이상의 실현의 여지가 없음을 간파하게 나를 강요하였다. 그리하여 나의 연구심은 교육학의 원리, 방법 등에 쏠릴 수가 없었다. 만세불멸의 교육원리도 왜정의 횡포한 칼 앞에는 아무 실행의 여지가 없었기 때문이었다.……연희 학원에서 연구하고 가르치기를 십삼 년 되는 1938년 여름에 이른바 흥업구락부 사건으로 하여 일제경찰의 악독한 고문을 받고 연희 학원에서 쫓겨났다.(최현배, 1973)

1938년 여름에 발생한 흥업구락부 사건으로 인해 최현배는 식민권력의 폭력 앞에서 일제 경찰의 악독한 고문을 받고 연희전문학교 교수 자리에서 쫓겨났다. 하지만 얘기가 여기서 그쳐서는 안 된다. 아프겠지만, 흥업구락부 소속 회원 일동이 제출한 전향성명서에 대한 독해를 통해 그들의 추후 행보와 궤적, 그 전체 구간에 대한 총체적 평가가 있어야 할 것이다.[2]

---

2 1938년 여름에 흥업구락부의 실체와 활동이 발각되었고 흥업구락부 관련자 54명이 체포되었다. 1938년 9월 일제는 흥업구락부 사건 관련자에게 전향성명서를 받은 후, 이들을 기소유예 처분으로 석방하였다. 흥업구락부원들은 이후 친일단체에 가입하거나 내선일체 정책에 협력하였다(참고: "흥업구락부"—한국민족문화대백과사전). 『동아일보』 1938년 9월 3일자에 실린 흥업구락부 일동의 전향성명서에서는 "참다운 황국일본의 국민인 신념하에 흥업구락부를 해산"한다고 하였고, 그동안 우리가 "민족자결만을 몽상하여 오던 터이나 이는 전혀 내선양족의 문화사적 신사명을 인식치 못한" 것으로 미나미 총독(南總督)의 내선일체정책은 "반도민중에 주는 동포적 신뢰와 신일본의 국가적 대이상"을 강조한 것이라고 변명의 자리를 깐 후에 "민족자결의 미망을 청산하고 내선일체의 사명을 구현시키는 것이 조선민중의 유일한 진로인 것을 인식하여서 신일본 건설의 대국민적 긍지와 포부 하에 그 부여된 임무를 수행하는 것이 조선민중의 장래의 행복과 발전을 약속하는 것임을 확신"한다면서 흥업구락부를 해산한다고 하였다. 이어서 "목하의 지나사변은 일본의 대국가적 사명 즉 신동아건설의 목적을 달성케 하는 성전임"을 말하고, 이에 "여하한 희생도 불사하고 광휘 있는 황국 일본의 신민으로서의 영예와 책임을 통감"한다고 맹서하였다. 그동안 축적한 흥업구락부 활동자금(2,400원)은 서대문경찰서에 의뢰하여 국방비로 헌납하였다(동아일보, 1938.9.3.). 최현배는 흥업구락부를 통해 민족적 저항의 메시지를 발신하지만 흥업구락부 일동의 전향성명서를 통해 우리는 민족 배반의 언어를 수신하기에 이른다.

제3차 조선교육령 실시 과정에서 전문학교에는 <일본학>이라는 고등교육기관만의 특별 교과가 도입 강제되었다. 이에 따라 연희전문학교는 1940년에 <일본학> 강좌를 개설하였다. 이는 대학의 학문적 성장과 발전을 보여주는 장면이었던 것이 아니고, 연희전문학교 학생들에게 일본정신을 주입한다는 조선인의 일본인화 공작을 수행하는 일이기도 했다. <일본학> 강좌의 개설을 통한 조선인의 일본인화 공작에 대해서는 윤동주가 연희전문학교 2학년생이었을 때인 1939년에 연희전문학교 교수로 부임한 조의설의 증언을 들어 볼 필요가 있다. 조의설은 도호쿠제국대학 교수 오루이 노부루(大類伸)와 하라 즈이엔(原隨園)의 지도 아래 서양사학을 전공하였다. 연희전문학교 교수로 부임한 조의설은 당시 캠퍼스를 감도는 전운에 대해 다음과 같이 증언하였다.

> 연전에 오니 옛날의 평화체제는 소멸되었고, 전시체제가 들끓고 있었다. 선생도 학생도 모두 전투모·전투복차림으로 임전태세였다. 이때 소위 황도정신(皇道精神)을 기반으로 한 소위 일본학이란 것이 비로소 그 당시에 왕성하였다. 이 학교에서는 일본학 선생이라면 비록 조선인이라도 세도를 썼다. 아무나 가르칠 수 없는 과목이었다. 전세는 치열하여져만 갔다.(조의설, 1974)

조선총독부 학무국의 입장에서 볼 때, 윤동주의 연희전문학교

시절은, 황민교육의 성과가 크게 확인되는 시기였다. 그러한 착각은 식민권력이 군사훈련을 실시하는 과정에서 학생들을 인정사정없이 구타하는 가학적·폭력적 행태의 연속선상에서 마련된 것이기도 하였다. 이처럼 식민권력의 사범교육학과 교육원리의 이름으로 펼쳐지는 당시의 교육은 기본적으로 학생을 사람으로 취급하지 않는 야만의 성격을 띤 것이었다. 당시의 교육은 무엇을 상상하든 상상 그 이상의 파멸적 상황이 드러난 것이었다.

친일·배족·매국 의식에 젖은 자들만 당시의 그 교육 같지 않은 교육을 엄연한 교육활동으로 규정했던 게 아니다. 그 부류에 들지 않는 사람들에게서도 당시의 교육을 그리움의 대상으로 형용하는 경우를 어렵지 않게 만날 수 있다. 심지어 당시의 교육을 "그리운 한 전형적인 전인교육", "더 신나는 것은 방과 후의 과외활동", "다양한 학습경험과 문화경험을 제공하는 전인교육"이었다고 회고하는 사람들도 있다. 교육 파멸의 시대를 전인교육의 시대라고 여기면서 언제나 그리운 그때 그 시절의 교육이라고 여기는 세계관, 그 예사롭지 못한 정신현상을 목도하면서 우리는 한국 근현대사의 불행·비극·비애가 얼마나 골 깊은 것인지를 새삼 깨닫는다.

2. 윤동주의 연희전문학교 재학 중의 대표 작품

윤동주는 연희전문학교 재학 시절 30여 편의 시를 지었는데, 그 때가 그의 시상과 시적 편력을 확인하는 중요한 구간이었음에 유의한다면, 당시의 대표적인 시를 시간 흐름에 따라 살펴보는 작업이 필요할 것이다. 윤동주가 연희전문학교 입학에서 졸업에 이르기까지 대학 교육의 불안정성이 극심했던 시점에서 지은 대표적인 작품은 다음과 같다.

[표 2] 윤동주의 연희전문학교 재학 시절의 대표 작품

일 시	학사 일정/대표 작품	비 고
1938.4.1.	연희전문학교 입학	
1938.5.10.	「새로운 길」	제1차 교육과정(1954~1963), 중2 『국어』에 윤동주의 작품으로는 처음 실린 시
1938.5.	「산울림」	『창』(1938.5.)과 『소년』(1939.3.)에 발표한 윤동주의 마지막 동시
1938.6.19.	「사랑의 전당」	
1938.10.	「달을 쏘다」	산문. 『조선일보』(1939.1.23.)에 발표
1939.9.	「소년」	
1939.9.	「투르게네프의 언덕」	산문(윤일주) 또는 산문시(송우혜)로 분류
1939.9.	「장미 병들어」	

1939.9.	「자화상」	원제: 「우물 속의 자상화」
1940.12.3.	「병원」	
1940.12.	「팔복」	
1941.2.7.	「무서운 시간」	
1941.3.12.	「눈 오는 지도」	
1941.5.31.	「십자가」	
1941.6.2.	「바람이 불어」	
1941.9.31.	「길」	창씨개명 관련 시적 표상
1941.11.5.	「별 헤는 밤」	창씨개명 관련 시적 표상
1941.11.20.	「서시」	창씨개명 관련 시적 표상
1941.11.29.	「간」	
1941.12.27.	연희전문학교 졸업	윤치호(伊東致昊) 교장 명의의 졸업장을 받음. 1942년 3월 말에 치러질 졸업식이 태평양전쟁 여파로 3개월 앞당겨짐
1942.1.24.	「참회록」	창씨개명계 제출(1942.1.29.) 5일 전에 지은 시

윤동주의 산문 「달을 쏘다」는 연희전문학교 1학년생이었던 그의 내면과 심리를 포착하는 의미를 갖는다. 「달을 쏘다」는 정인섭 교수의 <문학개론> 기말고사 시간에 작성하여 제출한 답안으로, 이를 약간 다듬어 1938년 10월 『조선일보』 학생란("學生페-지")에 투고하였고, 이는 『조선일보』 1939년 1월 23일자에 정식으로

실렸다(유영, 1976). 「달을 쏘다」를 통해 윤동주의 내면, 그 미시세계가 어떠한 동요를 일으켰는지를 확인할 수 있다.

「달을 쏘다」(1939.1.23.): 번거롭던 四圍가 잠잠해지고 時計소리가 또렷하나 보니 밤은 저윽히 깊을때로 깊은 모양이다. 보든冊子를 冊床머리에 미러놓고 잠자리를 수습한다음 잠옷을 걸치는 것이다.……여폐누운 분의 숨소리에 房은 무시무시해 진다. 아이처럼 황황해지는 가슴에 눈을 치떠서 박글내다보니 가을하늘은 역시 맑고 우거진 松林은 한폭의 墨畫다. 달비츤 솔가지에 쏘다저 바람인양 솨-소리가 날뜻하다.……다만 귀뜨람이 울음에도 수집어지는 코쓰모쓰 앞에 그윽히서서 딱터뻴링쓰의 銅像그림자처럼 슬퍼지면 그만이다. 나는 이마음을 아무에게나 轉家식힐 심보는 없다. 옷깃은 敏感이어서 달비체도 싸늘히 추어지고 가을 이슬이란 선득선득하여서 설흔 사나이의 눈물인 것이다. 발거름은 몸둥이를 옴겨 못가에 세워줄 때 못속에도 역시 가을이 있고, 三更이 있고 나무가 있고, 달이 있다. 그刹那 가을이 怨望스럽고 달이 미워진다. 더듬어 돌을 찾아 달을 向하야 죽어라고 팔매질을 하엿다. 痛快! 달은 散散히 부서지고 말엇다. 그러나 놀랏든 물결이 자저들 때 오래잔허 달은 도로 살아난 것이 아니냐, 문득 하늘을 처다보니 얄미운 달은 머리우에서 빈정대는 것을— 나는 곳곳한 나무가를 고나 띠를 째서 줄을메워 훌륭한 활을 만들엇다. 그리고 좀 탄탄한 갈대로 화살을 삼아 武士의 마음을 먹고 달을 쏘다.

윤동주의 산문 「달을 쏘다」에 드러난 심정은 슬픔, 원망, 분노였다. 1938년 달빛 가득한 어느 가을밤, 그는 귀뚜라미 울음에도 수줍어지는 코스모스 앞에 서서 닥터 빌링스의 동상 그림자처럼 슬픔에 휩싸였다. 달빛 아래 연못을 들여다보니, 연못 속에도 가을이 있고 삼경이 있고 달이 있다. 그 찰나, 윤동주는 왠지 모르게 가을이 원망스럽고 달이 미워졌다. 세상 돌아가는 모양이 얼마나 요상했으면 그는 분노의 심정을 달을 향해 쏟아냈을까. 윤동주는 연못 속의 달을 향해 죽어라 돌팔매질을 하였고 그 때 달은 산산이 부서지고 말았다. 하지만 연못의 물이 잔잔해지자 달은 이죽거리듯이 다시 얼굴을 내밀었다. 부질없는 일인 줄을 왜 몰랐을까마는, 그 때 윤동주는 연못에 비친 허상을 없앨 것이 아니라 하늘에서 자신을 빈정대는 저 달을 공격하자고 마음먹는다. 마침내 꼿꼿한 나뭇가지에 띠를 째서 줄을 매고 좀 단단한 갈대로 화살을 만들어 무사의 마음으로 달을 쏘았다.

이제나 그제나 대학 1학년이면 살가운 연애도, 감상도 치기도 부려 볼 나이. 그러나 그는 센티멘탈리즘을, 지금껏 대상이 자기에게로 이끄는 대로 살아온 삶을, 그 달밤의 한 복판에서, 송두리째 뽑아 내친 것이다. 가을이 원망스럽고 달이 미워진 것이 아니라, 기실 잘못 살아온 스물한 살 인생에 대한 선전포고를 하고 있는 것이다. 1938년을 기점으로 그는 동시 쓰기를 그만 둔다. 감상을 폐기하고 '나'라는 존재에 대해, 나를 둘러싸고 있는 식민지 현실이라는 '생활'에 대해 골몰하기 시작한다.(손진은, 2022)

윤동주는 연희전문학교에 다닐 때에는 열 살 터울의, 열 살 갓 넘은 동생 윤일주(1927~1985)에게 조선일보사의 월간지 『소년』을 우편으로 용정 집에 꼬박꼬박 보내주었다. 윤동주의 동시 「산울림」은 연희전문학교 1학년 때 지은 것으로 잡지 『창』에 발표(1938.5.)했다가, 이듬해 조선일보사의 월간지 『소년』에 다시 실렸다(1939.3.). 윤동주의 동시 「산울림」("까치가 울어서/ 산울림,/ 아모도 못들은/ 산울림,// 까치가 들엇다/ 산울림,/ 저혼자 들엇다/ 산울림,/ 一九三八.五.")은 사실상 윤동주의 마지막 동시였다.

윤동주가 남긴 시와 산문 125편 중에는 동시 작가(필명: 童舟, 童柱)의 이름을 걸고 발표한 34편의 동시가 있다. 윤동주는 명동소학교 시절부터 송몽규, 문익환 등과 함께 아동잡지를 구독하고 연극활동에 참여하면서 동시를 창작하였다. 그런데 윤동주는 연희전문학교에 들어간 1938년을 기점으로 사실상 동시 창작을 멈추었다. 윤동주가 1938년을 기점으로 동시 쓰기를 그만 둔 것은, 그가 이제는 감상을 폐기하고 나라는 존재에 대해, 나를 둘러싸고 있는 식민지 현실이라는 생활에 대해 골몰하기 시작했음을 의미

한다(손진은, 2022). 그동안 윤동주가 동시에 관심을 갖고 많은 작품을 냈다는 사실에 주목할 수도 있지만, 한편으로는 그가 동시 작성을 멈춘 시점과 상황에 대해서도 시린 마음으로 들여다볼 필요가 있다.

윤동주의 연희전문학교 시절에 작성한 산문시 「투르게네프의 언덕」(1939.9)은 러시아의 시인·소설가 투르게네프(1818~1883)의 「거지」(1878.2.)를 원작으로 삼아 패러디한 것으로, 이 산문시에는 3명의 거지 소년이 등장한다.

「츠르게네프의 언덕」

나는 고개길을 넘고있엇다……그때 세少年거지가 나를 지나첫다.

첫재 아이는 잔등에 바구니를 둘러메고, 바구니 속에는 사이다병, 간즈매통, 쇳조각, 헌양말짝等 廢物이 가득하엿다.

둘재 아이도 그러하엿다.

셋재 아이도 그러하엿다.

텁수룩한 머리털 식컴언 얼골에 눈물 고인 充血된 눈 色잃어 푸르스럼한 입술, 너들너들한 襤褸 찢겨진 맨발, 아—얼마나 무서운 가난이 이어린少年들을 삼키엿느냐!

나는 惻隱한마음이 움즉이엿다.

나는 호주머니를 뒤지엿다. 두툼한 지갑, 時計, 손수건 ……있을것은 죄다있엇다.

그러나 무턱대고 이것들을 내줄 勇氣는 없엇다. 손으로 만지작 만지작 거릴 뿐이엿다.

多情스레 이야기나 하리라하고 "얘들아" 불러보앗다.

첫재 아이가 充血된 눈으로 흘끔 도려다 볼뿐이엿다.

둘재아이도 그러할뿐이엿다.

셋재아이도 그러할뿐이엿다.

그리고는 너는 相關없다는듯이 自己네끼리 소근소근 이야기하면서 고개로 넘어갓다.

언덕우에는 아무도 없엇다.

지터가는 黃昏이 밀려들 뿐—

투르게네프의 「거지」를 보면, 작품 속의 '나'는 길을 걷다 거지를 만났는데 주머니에는 돈이 없었다. 작품 속의 '나'는 미안하다며 가진 것이 없다며 거지의 손을 꼭 잡아주었다. 그때 거지의 답변은 "괜찮습니다. 이것으로도 고맙습니다"였다. 반면 윤동주의 「투르게네프의 언덕」에서도, 작품 속의 '나'는 언덕을 걷다 세 소년 거지를 만났는데, "다정스레 이야기나 하리라 하고" 세 아이를 불러보았지만 첫째 아이도, 둘째 아이도, 셋째 아이도 말을 건네는 사람을 거들떠보지도 않고 자기네끼리 소곤소곤 이야기하면서 고개를 넘어갈 뿐이었다.

윤동주의 「투르게네프의 언덕」(1939.9.)이 발표되던 당시, 1939년 여름은 유난히도 극심한 가뭄과 가난으로 허덕이는 해이기도 했다. 여름방학이 끝난 후, 윤동주는 학교 앞 굴다리를 지나 신촌역으로 향해 고갯마루를 오르면서 거지 아이들을 보았을 것이다. 그들에게 측은지심은 발동했으나, 호주머니에는 "두툼한 지갑, 시계, 손수건, 있을 것은 죄다 있었"지만 이를 손으로 만지작거릴 뿐 꺼낼 생각은 없었다. 측은지심이 너무 약했다고나 할까. 그 역시도 어렵게 부모로부터 학비를 받아 공부하는 입장에서 이를 선뜻 내놓기는 쉽지 않았을 것이다. 위의 시는 윤동주 자신을 포함한 당시 지식인들이 갖고 있는 무력감·소극성·유약성, 소시민적 개인주의, 건강한 행동력·실천력의 결여 등을 상징하는 표현이다(마광수, 2005). 당시의 사회·경제사적 관점에서 보자면, 1939년 여름에서 가을로 이어지는 식민지 공간에서 극심한 가난을 극복할 수 있는 희망과 가능성은 애초부터 사라지고 없다는 것을 지적한 것일 수도 있다.

윤동주는 연희전문학교 시절 「소년」(1939.9.), 「투르게네프의 언덕」(1939.9.), 「장미 병들어」(1939.9.), 「자화상」(1939.9.)을 끝으로 1년 2개월 동안 침묵의 시기를 거쳤다. 그 후로 다시 발표한 시는 「병원」(1940.12.3.), 「팔복」(1940.12.), 「무서운 시간」(1941.2.7.)이었다. 저간의 사정을 파악하기 위해 특히 「자화상」(1939.9.)의 구절에 주목할 필요가 있다. 윤동주는 27년 1개월 18일의 생애에서 절반에 해당하는 14년을 북간도 명동에서 살았으며, 그 명동시절은 윤동주의 내면과 시적 감수성이 형성된 중요한 시기였다(송우혜, 2004). 바로 이 점 때문에 「자화상」에 등장하는 우물은 고향 명동집의 물맛 좋던 수십 길 깊이의 우물일 것이라는 견해가 지배적이었다(북간도 명동 우물설). 반면 「자화상」이 나올 당시의 정황상 그 우물은 윤동주가 연희전문학교를 다닐 때 한 때 하숙했던 서소문 하숙집 근처의 우물이라는 얘기도 있다(서울 서소문 우물설). 하지만 「자화상」의 우물이 북간도 명동의 우물인가 서울 서소문의 우물인가를 변별하는 일은 크게 의미 없는 일인지도 모른다. 그 우물은 윤동주의 마음속에 있는 우물이라고 보는 게 더 맞는 말일 수도 있겠다(송우혜, 2004). 그 마음속의 우물, 그것은 윤동주의 아픔과 고통의 심연을 표상하는 시어이기도 했다. 우물은 단순한 반사체가 아닌 내면의 반영체가 되며, 내면과 주체의 성찰적 탄생을 표상하는 것이라고 말할 수 있다(김치성, 2014). 연희전문학교 시절 윤동주의 내면을 파악하기 위해서는 그것이 「달을 쏘다」(1938.10.)의 '못'이든, 「자화상」(1939.9.)의 '우물'이든, 「참회록」(1942.1.24.)의 '거울'이든 그의 내면과 자아의 성찰 지점을 잘 드러낸 것이라고 말할 수 있다.

윤동주가 「자화상」(1939.9.)을 발표한 후, 1년 2개월의 침묵을 깨고 다시 발표한 시는 「팔복」(1940.12.)과 「무서운 시간」(1941.2.7.)이었다.

「八福」

마태福音 五章 三一十二,

슬퍼 하는자는 복이 있나니
슬퍼 하는자는 복이 있나니
슬퍼 하는자는 복이 있나니
슬퍼 하는자는 복이 있나니
슬퍼 하는자는 복이 있나니
슬퍼 하는자는 복이 있나니
슬퍼 하는자는 복이 있나니
슬퍼 하는자는 복이 있나니

저히가 永遠히 슬플것이오.

「무서운時間」

거 나를 부르는것이 누구요,

가랑닢 입파리 푸르러 나오는 그늘인데,
나 아직 여기 呼吸이 남어 있소.

한번도 손들어 보지못한 나를

손들어 표할 하늘도 없는 나를

어디에 내 한몸둘 하늘이 있어
나를 부르는 것이오.

일이 마치고 내 죽는날 아츰에는
서럽지도 않은 가랑닢이 떠러질텐데……

나를 부르지 마오.

「팔복」과 「무서운 시간」의 시 구절처럼, 윤동주는 이 기간에 민족의 처절한 수난에도 아무런 응답 없이 침묵을 지키는 신을 향해 항거했던 것으로 보인다. 산상수훈을 패러디하여 "슬퍼하는 자는 복이 있나니"를 여덟 번이나 반복한 뒤 "저희가 영원히 슬플 것이오"라고, 그들에게 지상적인 슬픔을 인내하는 것만으로는 그저 영원한 슬픔만이 있을 것이라는 결론, 즉 천국과 영생을 보장할 수 없다는 반성경적 견해를 새롭게 제시했던 것이다. 이는 분명 단말마적 식민정책과 식민교육으로 인해 앎과 삶의 세계 그 본질이 뒤틀린 현실에 빠져있을 때에 신은 그 현상 변경에 아무런 도움이 되지 않는다는 절망감과 체념의식을 드러낸 것이라고 볼 수 있다.

윤동주의 집안은 1939년 가을, 만주 용정 정안구 제창로 1-20

호, 캐나다 선교부 경내 경치 좋은 언덕에 세워진 큰 집으로 이사하였고, 방학 때 윤동주는 새로 이사한 집을 찾았다. 그런데 당시에 대한 동생 윤일주의 회고담에 의하면, 예전에 윤동주에게서 보았던 신앙심과 열정을 찾기 어려웠다. 1939년 가을 무렵, 윤동주가 자신의 기독교 신앙에 대해 회의를 품었던 것은 분명해 보인다(공훈자자료관 2007년 12월 이달의 독립운동가 윤동주). 「무서운 시간」(1941.2.7.)은 윤동주가 3학년 2학기를 마치고 방학 중에 만주 용정 본가에 돌아와서 쓴 시이다. 윤동주의 기독교 신앙에 대한 회의는 어떤 배경 속에서 시작되었을까. "어디에 내 한 몸 둘 하늘이 있어 나를 부르는 것이오"라고 항변했던 그의 내면을 파악하자면, 국망의 현실에서 부름이란 분명 독립운동 말고는 없을진대, 그리고 그 독립운동은 분명 죽음으로 이어질 텐데, 이 겁나는 현실은 이리저리 생각해봐도 무서운 시간일 수밖에 없었을 것이다.

「팔복」과 「무서운 시간」, 두 시는 나라를 잃고 말과 글도 잃고 이름도 잃는 처지에 놓인 민족의 고난 앞에 선 윤동주에게, 일제 강점자들의 학살만행과 침략·전쟁 범죄를 보고도 이에 침묵하는 신은 과연 정의로운 분인가를 묻는 신정론(Theodizee)에 입각한 고민이 드러난 것임을 알 수 있다(김재진, 2007). 신에 대한 그의 신정론적 질문이 부각되었던 그즈음 윤동주의 숨길 수 없는 심리상태는 두려움의 엄습, 무서운 시간의 연속이었다.

3. 윤동주의 사상적 저변, 박종홍과 박치우

윤동주는 연희전문학교 1학년 때인 1938년 4월부터 1939년 2월까지 10개월 동안 『조선일보』 학예면 기사 144건을 오려붙인 3권의 스크랩북을 만들었다. 훗날 윤동주의 동생 윤광주는 형이 만들어놓은 스크랩북을 같은 학교에 다니던 친구 심호수에게 빌려주었고, 이는 심호수의 형 심연수의 유고 및 자료더미와 함께 세상에 전해질 수 있었다(정종현, 2021). 2000년, 중국 연변조선족자치주 용정시의 심호수가 보관 중이던 윤동주의 스크랩북은 윤동주의 매제 오형범이 그 사본을 입수해 윤동주의 조카 윤인석에게 전했고, 윤인석은 이를 『조선일보』에 공개하였다.

윤동주가 만든 스크랩북에는, 『조선일보』 1938년 4월 19~21일치에 실린 철학자 박종홍의 「현대철학의 제문제」를 시작으로 하여 끝자락에는 『조선일보』 1939년 2월 14일자에 실린 시인 백석의 「시인 산문—입춘(立春)」이 실려 있다. 이에 대해 조선일보사는 2020년 1월 1일 [인물과 사건으로 본 조선일보 100년] 특집 기사를 통해, 당시 『조선일보』 학예면에는 문학·철학·역사·어학 등 당대 최고의 문인과 학자들이 글을 실었는데, 연희전문학교 입학생 윤동주는 이를 스크랩하여 공부하면서 문학과 세상을 보는 안목 키웠음을 지적하였다(조선일보, 2020.1.1.).

윤동주는 박종홍의 「현대철학의 제문제」를 읽고 어떤 공부를 했을까. 박종홍의 글 「현대철학의 제문제」(1938)를 논하기 위해서는 「현대철학의 동향」(1935), 「<우리>와 우리철학 건설의 길」(1935), 「우리의 현실과 철학: 역사적인 이때의 한계상황」(1935), 『현실파악』(1939), 「현대가 요구하는 신윤리: <결단>의 시대—전환기를 뚫고 나가는 힘」(1940) 등도 참조할 일이다. 그동안의 박종홍 연구에 의하면, 박종홍은 철학의 추상성을 극복하기 위해 '현실과의 대면'을 강조하고, 철학의 식민성을 극복하기 위해 '주체성의 확립'을 강조하는 철학을 전개하였다(이태우, 2010). 박종홍 철학의 키워드는 철학과 현실인바, 철학이 현실을 떠나서는 결코 철학일 수 없다고 보았으며, 우리 전통 사상에 근거하지 않은 철학은 생명력 없는 철학이라고 간주했다는 점에서 특징적이다(이태우, 2010).

박종홍 철학은 현실 속에서 현실을 파악한 것이 아니라 철학 속에서 현실을 파악했다는 점에서 근본적인 한계를 갖는다. 그 '현실'은 일제 식민권력과 관제·관변 학자들에 의해서 강조되었던 '현실'과 어떻게 변별되는지에 대한 분별력이 작동되지 않았다는 점에서 문제적이다. 흔히 우리의 처지나 시대정신을 강조하거나 우리의 삶의 세계 한 가운데서 부딪치고 있는 문제를 논하거나 뼈를 깎는 자성을 주문하고자 할 때 박종홍의 철학을 기치로 삼는 경우가 있다. 유럽 중심의 관념론 철학과 미국 중심의 문화제국주의 철학에 주체성 없이 빠져드는 우리의 현실을 지적할 때에도 박종홍의 철학을 호명하기도 한다(이기상, 2001). 하지만 박종홍이 강조했던 우리("우리-내-존재")의 전환기를 뚫고 나가는 힘으로서의 신윤리라는 것이 진정 암울한 식민지 현실에 대한 자의식과 극복의지를 표상하는 말이었는지에 대해서는 엄밀한 점검을 필요로 한다. 박종홍의 철학 용어 "우리철학 건설", "현실파악", "신윤리", "결단의 시대", "전환기를 뚫고 나가는 힘" 등과 같은 어법은 동아협동체와 전시동원체제라는 맥락을 벗어나서는 설명하기 어렵다. 박종홍은 민족 말살의 식민지 현실에서 결단의 시대, 신윤리, 전환기를 뚫고 나가는 힘을 말하면서도 민족의 독립과 민족의 주체성 문제에 대해서는 한마디도 말하지 않았다.

① 실로 새로운 지성의 현실적 내용이 언제나 현실적 노작의 경험으로부터서만 생겨나는 것이 사실이라면 실천적 지반 위에서만 우리가 요구하는 새 세대의 철학이 건설될 수 있을 것이요, 따라서 걸핏하면 실천적 관심으로부터 (일탈 유리해버리려는) 우리의 지성을 언제나 그 본래의 생생한 근거로 탈환하기 위하여 부단의 싸움을 싸우는 곳에 현대철학의 또한 중요한 그 탈환과 아울러서만 역사적 현실의 구체적 파악도 꾀할 수 있을 것이라고 나는 생각한다.(박종홍, 1938)

② 현실파악의 길! 그것은 일상적 현실이 구체적 실천을 매개로 자각하는 과정이요, 문화의 창조를 위한 투쟁이요, 국가의 건설을 위한 성전(聖戰)이다. 현실파악의 길! 그것은 형극의 길, 사투(死鬪)의 피의 길, 극소수의 예외자

만이 능히 선두에 서서 참말로 걸을 수 있을만큼 험난한 길이다. 과연 "온갖 고귀한 것은 드문 것인 동시에 또한 곤란한 것이다."(박종홍, 1939)

전시동원체제를 통과하면서 내놓은 박종홍의 "문화창조를 위한 투쟁", "국가의 건설을 위한 성전"이라는 말은 수상쩍은 것일 수밖에 없다. 비슷한 시기의 흥업구락부 전향성명서(1938.9.3.)를 사례로 말하자면, 그들은 민족자결만을 몽상하던 상태에서 그 미망을 청산할 것을 전제로 전향성명을 냈는데, 그것은 "내선양족의 문화사적 신사명"을 인식할 것, "목하의 지나사변은 일본의 대국가적 사명 즉 신동아건설의 목적을 달성케 하는 성전"임을 인식할 것을 강조한 것이었다(동아일보, 1938.9.3.). 그 전향 고백에서 하는 말과 박종홍의 현실파악의 길은 그 구조가 동일한 것임을 알 수 있다. 이는 박종홍의 언어를 액면 그대로 사전적 의미로만 받아들여서는 곤란하다는 점을 지적하는 말이다.

한국철학사 연구에서 확인될 수 있는 특징 중의 하나로서 '중의 변증법'이 강조되었던 사실을 들 수 있다. 박종홍이 형식논리를 배격하면서 채택한 중의 변증법은 사회에 대한 분명한 태도를 가로막고 판단과 책임을 방해하는 속성을 드러낼 수 있는 것이었다. 일제강점기의 교육은 충량한 황국신민의 양성을 목적으로 하였으며, 박종홍은 어쩔 수 없이 그 목적을 전파하던 모범생이었다. 윤동주는 박종홍의 「현대철학의 제문제」를 읽고 철학의 근본

문제에 대한 인식과 성찰과 지향을 어느 정도로 엄밀하게 보여주었는가. 현실-신윤리-결단-전환기를 강조하는 박종홍에게서 유난스럽다는 인상을 지우기 어려운데다가, 형식논리보다는 변증법을 선호했던 그의 철학에 비추어 그것이 정직한 의미의 '현실과의 대면'과 '주체성의 확립'으로 이어지기는 어려웠을 것이라는 점을 지적해야 할 것 같다. 조선총독부 식민권력 앞에서는 불의가 곧 정의였고 악법이 곧 법이었기에 그 불의와 악법 앞에 저항하는 철학을 내놓는 것이 조선인 엘리트가 지향하는 의무여야 하지 않겠는가. 윤동주가 박종홍을 독해하면서 그 철학의 한계에 대한 문제의식을 어느 정도로 갖추었는지에 대해서는 알려진 바가 없다.

박종홍의 중의 변증법은 친일의 정당화 논리로 버젓이 활용되었고, 이는 망국의 현실을 인정하고 식민지 현실에 저항하지 말고 그 안에서 최선을 찾자는 논법으로 이어지기도 하였다. 하지만, 윤동주의 시대가 아닌, 해방 이후의 한국철학 연구자들도 박종홍의 철학이 갖는 한계와 문제를 제대로 깨닫는 데는 많은 시간이 소요되었다. 박종홍의 철학이 갖는 독특한 어법을 제대로 파악 간파하지 못했던 것이다. 어쩌면 윤동주도 그러한 문제의식을 보여주지 못했을 것이라는 것을 조심스럽게 말할 수 있겠다.

윤동주는 박종홍의 철학에 대한 관심 못지않게 박치우와 교유하면서 그의 철학·사상·문화의 세계를 넓히고자 노력했음을 확인할 수 있다. 윤동주와 박치우는 서로 연락을 주고받는 사이이기도 했다. 한 예로 1941년 7월 16일, 박치우는 부산에서 서울로 이동하며 윤동주에게 엽서를 보냈고, 다음날 윤동주는 종로 누상동 하숙집에서 박치우가 보낸 엽서를 받았다. 1941년 7월 17일, 윤동주가 박치우로부터 받은 엽서는 그가 평양 숭실학교를 거쳐 서울 연희전문학교로 진출하고, 『조선일보』 학예면에 투고하고, 저항적 성격의 생명을 끌어안는 시에 도달하는 과정을 이해하는 데에 도움이 될 수 있다(김성연, 2020).

박치우는 경성제국대학 법문학부 철학과에서 철학·철학사를 전공했으며(1930.4.1.~1933.3.31.), 1934년 9월 12일자로 중학교와 전문학교 과정을 둔 평양의 숭실학교에 전문학교 지리역사 담당 교수로 부임하였다. 엽서의 수신자인 윤동주와 발신자인 박치우의 연보에서 유일하게 겹치는 장소는 평양의 숭실학교이고, 시기는 1935년 9월[1935.9.1.: 윤동주, 숭실중학교 3학년 2학기 편입]부터 1936년 3월[1936.3.31.: 윤동주, 광명학원 중학부 4학년 편입]까지의 7개월간이다(김성연, 2020). 박치우가 파시즘에 대한 대항논리로서 유물론에 주목했던 인물이었음을 감안한다면, 윤동주가 연희전문학교 재학 중에 문학 공부에만 머물지 않고 보다 폭넓은 사상적 저변을 확보했던 배경에는 숭실학교를 공통분모로 한 윤동주와 박치우의 인연도 한몫 했다는 것을 알 수 있다(김성연, 2020). 박치우는 함북 성진 출생으로 1933년 경성제국대학 법문학부 철학과를 졸업했으며 숭실전문학교 교수를 거쳐 『조선일보』 기자를 지냈다. 박치우는 철학계와 문화계에서 왕성한 문필활동을 벌이다가 해방후 『현대일보』를 창간하여 주필을 역임하였고 1946

년 월북하여 박헌영의 측근으로 활동하였다. 1949년 9월 인민유격대 정치위원으로 남한에 내려와 빨치산 활동을 벌이다 전사한 것으로 알려졌다(이태우, 2010).

윤동주-박치우의 인연이 언제부터 어떻게 만들어졌는지를 자세히 알 수 없다. 하지만 두 사람의 교류가 갖는 의미를 파악하기 위해, 박치우의 1936년 시점의 글에 주목하고자 한다. 1935년 프랑스 파리에서는 문화옹호국제작가회의(1935.6.21.-6.25. 의장: 앙드레 지드, 참여작가: 앙드레 말로, 로맹 롤랑, 막심 고리키, 버나드 쇼 등 24개국 230명)가 개최되었다. 문화옹호국제작가회의에 대한 박치우의 논점은 『동아일보』 연재 글(『동아일보』 1936.5.28., 5.29., 5.31., 6.2.)을 통해 확인할 수 있다. 박치우는 문화옹호국제작가회의가 반파쇼적 문화운동의 성격, 선의지에 따른 문화실천의 의미를 갖는다는 점을 지적하였다.

> 이 땅의 예술지상주의자와 전향작가의 일군은 문학이라는 것은 정치를 떠남으로써만, 이데올로기를 포기함으로써만 비로소 문학일 수 있다고 떠들고 있다. 그들은 작가가 정치적 관심을 가진다는 것은, 작품에 이데올로기를 삽입한다는 것은 문학의 모독일 뿐만 아니라 차마 작가적 양심, 예술가적 양심이 허하지 않는다고 한다. 나는 문학에 관해서는 완전한 문외한이니만치 무엇이 작가적 양심이며 무엇이 예술가적 양심인지는 모른다. 그러나 문화옹호 국제작

> 가대회에 참석한 각국의 작가들은 작가적 양심, 예술가적 양심을 살리기 위하여 일부러 이러한 정치적 회합에 참석하였다고 한다. 그들은 반파쇼적 항쟁이라는 이 과감한 정치적인 운동에 몸을 던짐만이 자신의 작가적 양심, 예술가적 양심을 살리는 소위임을 선언하고 있다. 정의와 진리의 편을 들려는 마음, 비뚤어진 현실이면 비뚤어진 그대로 선명하며 적발하는 마음, 불의와 악이라면 미워하며 치려는 마음, 이러한 마음 이상으로 건전한 예술가적 양심이 있음을 나는 알지 못한다.(박치우, 1936)

박치우는 문학에 완전히 문외한인 입장에서 무엇이 작가적 양심이며 무엇이 예술가적 양심인지는 모른다고 전제하면서도, 프랑스 파리의 앙드레 지드를 의장으로 한 문화옹호국제작가회의에 참석한 각국의 작가들은 작가적 양심과 예술가적 양심을 살리기 위해 일부러 이러한 정치적인 회합에 참석하였다는 사실을 지적하였다. 하지만 박치우는 문화옹호국제작가회의 참여 작가들의 예술가적 양심을 논하면서 정의와 진리의 편을 들려는 마음, 비뚤어진 현실을 적발하는 마음, 불의와 악을 미워하는 마음을 언급했지만, 그 마음 어디에도 제국일본의 파쇼적 풍조, 조선총독부 식민권력의 기만과 폭력, 식민지 조선의 작가 문인들이 보인 친일·배족 행보에 대한 언급은 없었다.

1930~40년대에 드러난 바와 같이, 소위 황국신민의 소임을 다

한다는 이름의 국민문학에서는 사회·현실 참여를 외치면서, 정치·권력의 자장에 깊숙이 발을 담그면서 문학·예술을 방편으로 삼아 청년·학도를 전쟁과 죽음의 지대로 내모는 일을 저질렀다. 박치우의 표현대로 말을 옮기자면, 그들은 작품에 이데올로기를 삽입하는 일을 당연시하고 정당화했던 것이다. 그뿐인가. 향후 선배격려단의 멤버로 활동하게 될 최남선과 이광수가 그랬던 것처럼 문학과 식민권력의 유착, 그것은 조선의 청년·학도를 죽음의 전쟁에 내모는 일로 이어지기도 하였다. 한국근대사의 특수성에 주목하는 한, 문화옹호국제작가회의에서 말하는 정치적 회합, 그리고 이어지는 작가적 양심과 예술가적 양심을 살리겠다는 당찬 각오는 식민지 조선의 특수 현실, 그 물정을 모르고 하는 공허한 얘기라고 말할 수 있다. 작품활동에서 이데올로기를 포기하는 일, 즉 예술지상주의를 표방하는 일도, 그것이 순수예술과 탈정치성을 명분으로, 국가·민족·공동체 문제에 대한 의도적 무관심을 부추기는 일이 있다면 이는 인식론적 폭력이 자행되는 심각한 문제상황이라고 말할 수 있다. 당시 식민지 조선의 작가 문인들은 때로는 정치성을 내걸고 때로는 탈정치성을 내걸면서 식민권력의 기만과 폭력에 동조·협력하고, 전쟁과 죽음을 미화·찬미하는 일에 앞장섰다는 사실에 유의할 필요가 있다. 이는 그들 스스로가 문학·문화·예술의 종말을 앞당기는 일을 저질렀다는 것을 의미한다. 박치우는 예술지상주의와 참여예술론의 이분법에 묶인 상태에서 그저 예술지상주의의 한계를 지적하는 데 머물고 있다는 점에서 한계를 갖는다.

박치우가 관심을 보인 것은, 작품활동에 이데올로기를 삽입하는 일, 즉 작품에 정치적 관심을 드러내는 일이었다. 박치우의 원론은 작가적 양심과 예술가적 양심을 살리기 위해 각국의 작가들이 일부러 정치적인 회합을 갖는다고 했지만, 식민지 조선의 특수상황에서는 전혀 딴판의 얘기로 굴절될 수 있음을 단호하게 말할 수 있어야 했다. 하지만 어찌된 영문인지 박치우는 그 부분을 말하지 않았다. 윤동주와 박치우의 만남과 교류 상황을 탐색하는 과정에서는, 그저 소박한 마음으로 윤동주의 문학세계에 문·사·철의 통섭이 어느 정도로 힘 있게 작용하는지를 파악하는 선에서 논의를 그쳐야 할 것 같다.

당시 식민지 조선의 작가 문인들은 일본의 작가 문인들처럼 문화옹호국제작가회의에 자신의 작품성을 갖춘 작품을 가지고 나설 수 있는 처지에 있지도 않은 현실에서, 문화옹호국제작가회의에 상응하는 문인단체를 결성할 수도 있었건만, 일제 파시즘에 의한 동원이라는 운명 속에서 '조선작가대회'라는 문인단체가 아니라 '문인보국대회'라는 문인단체를 결성해야 하는 비극적 아이러니의 상태에 놓여있었다(안서현, 2021). 하지만 박치우는 당시 조선의 작가 문인들이 처한 상황에 대한 성찰을 보이지 않았을 뿐만 아니라 당시 일본의 문화옹호국제작가회의에 대한 본심을 제대로 파악한 것 같지도 않다. 박치우는 앙드레 지드를 중심으로 한 히틀러의 파시즘을 비판한다는 그 모임의 목표에 당시 일본국군주의의 파시즘은 포함되지 않았건만 이에 대한 비판적 논의를 보여주지 못했고, 당시 일본 관제·관변학자들이 문화옹호국제작가회의를 두고 1934년 이래의 일본의 능동정신=행동주의=문화운동의 관점에서 해석하는 의도(小松清編, 1935)를 간파하지 못했다. 그러다 보니 일본인들의 문화의 어법에 잠복된 폭력성을 포착하지 못했고, 이는 문화와 전쟁, 그 고약한 연동을 비판하지 못하는 한계로 이어졌다. 일본의 어법에 의하면, 문화라고 하는 말은 소위 천황의 침략전쟁을 날개처럼 보좌하는 일을 일컫는 것이기에, 이는 일본군국주의 침략전쟁에 악용되는 수순을 벗어날 수 없는 것이었다. 일본은 1935년 전후의 문화옹호국제작가회의에 대해 문화의 세계화와 지적 협력을 위한 국제회의였음을 홍보하고 나섰지만, 그 문화는 전쟁 익찬의 기치를 내거는 역사적 전회 가능성을 품은 것이었다(松本和也, 2023). 이를 간파하지 못한 것은 박치우만의 문제가 아니었다.

후술하겠지만, 윤동주는 독립운동 혐의자, 치안유지법 위반자로 특고에 의해 체포 구금되었다. 조선어로 시를 쓴다는 것, 그것은 이데올로기의 포기인가, 이데올로기의 삽입인가. 식민권력 특고의 시선에 비추어볼 때, 그것은 분명 박치우식의 이분법적 분류법을 넘어 민족의식의 유발에 전념한 것이었기에 윤동주는 독립운동 혐의자, 치안유지법 위반자가 될 수밖에 없는 일이었다. 교토 시모가모경찰서에 검거된 윤동주의 죄는 연희전문학교 시절 조선 문학잡지 출판을 모의한 것부터 시작되며, 조선어로 시를 쓰고 조선어로 된 시집을 출판하고자 했던 그의 궤적이야말로 민족의식을 부추겼다는 죄가 될 수밖에 없었다. 조선어로 시를 쓴다는 것, 그 죄는 그토록 중범죄였던 것이다. 그것은 앙드레 지드, 앙드레 말로, 로맹 롤랑, 막심 고리키, 버나드 쇼와 같은 팔자 좋은 작가들로서는 제대로 포착하기 어려운 파멸과 고통의 세계였다.

제4장

그의 기괴한 이름,
히라누마 도쥬

1. 슈프랑거와 현영섭, 그 고약한 연동

나라를 잃고 말과 글도 잃고 곧 이름도 잃을 처지에 놓였던 1938년 당시, 연희전문학교 1년생 윤동주의 정서, 그것은 슬픔, 불행, 좌절, 암울로 이어지는 마음의 세계였다고 말할 수 있다. 하지만 그 시대를 살았던 모든 사람들의 심정이 그렇지는 않았을 것이다. 그 괴리를 포착하기 위해 잠시 친일반민족행위자의 대명사 현영섭(본래의 이름은 현영남)의 행태를 들여다보고자 한다. 현영섭은 일본 제국주의를 예찬하면서 언어와 이름을 포함한 모든 생활양식을 일본과 같게 하여 내선일체를 구현할 것을 주장했던 자이다. 현영섭은 민족주의자를 페스트에 비유하는 독설을 통해 조선의 지식인들에게 일본을 사랑할 것을 간곡히 주문하였다. 그는 1937년 녹기연맹 이사, 1938년 국민정신총동원조선연맹 주사, 1940년 내선일체실천사 이사, 황도학회 이사를 맡아 태평양전쟁 종전 때까지 전쟁 지원을 계속했다(참고: "현영섭"—한국민족문화대백과사전). 고은의 『만인보』에는 친일파 인물 현영섭을 타이틀로 한 글이 실려 있다(고은, 2010). 현영섭(1907~?)의 창씨개명된 이름은 아마노 미치오

(天野道夫)이며, 이것 말고도 히라노 히데오(平野永男), 구도 히데오(工藤永男)라는 이름을 사용하였다. 현영섭은 조선어의 전면 폐지를 통해 내선일체의 진정한 완성을 획책했던, 일본인 이상의 일본인이 되기를 꿈꿨던 극렬 친일파의 한 사람이었다. 현영섭을 말하기 전에 글의 초두에 등장하는 특별한 인물이 있다. 그 이름도 유명한, 문화철학·교육철학 연구에서 특별한 위치를 차지했던 인물 에드아루트 슈프랑거(E. Spranger, 1882~1963)이다. 고은의 『만인보』에는 「현영섭」란에 슈프랑거가 "나찌 독일의 철학자 한 녀석"으로 등장한다.

「현영섭」

1938년(1936년의 오기: 저자 주) 나찌 독일의 철학자 한 녀석
동경제국대 초청으로
일본에 왔다
나찌 철학
게르만의 길
강연 뒤
일본 식민지
조선을 보러왔다

조선 소학교 교실에서

조선어 수업이 있는 것에 놀라
언어를 말살해야
그 민족 말살할 수 있다고
총독부에 충고

옳거니

조선총독부가
조선인을 내세워
조선어폐지안을 스스로 내게 하였다

현영섭이 나섰다

총독 각하
내선일체
동조동근
대동아공영을 위하여
낡은 조선어를 폐지하고
일본어로
문명의 시대를 열어주소서

옳거니

다음해 조선어금지령 선포되었다
조선어 수업
조선어 도서
조선어 사용 금지되었다

조선어로 말하면
어린아이들
한나절 내내
걸상 들고 벌 받았다

현영섭

태화관 기생 옥매와 함께
술 마시다
병풍 밑 쓰러져 자글자글 노닐다가
조선말 쓰는 옥매를
키사마!
키사마! 하고 머리끄덩이 잡고 호통쳤다

왜말로 큰소리쳤다

오늘밤 화대 없다

조선어 쓰는 년
화대 줄 수 없다 빠가야로

문화와 언어의 몰락, 그 화살표가 향하는 곳은 종족의 멸망으로 표상되는 민족정신과 국가정체성의 파멸일 뿐이다. 이와 관련하여, 데이비드 크리스털(David Crystal)은 『언어의 죽음』(2000)에서 스코틀랜드 작가 제임스 켈만(James Kelman)과 호주 작가 데이비드 말로프(David Malouf)의 의견을 소개하였다.

제임스 켈만: "내 문화와 내 언어는 존재할 권리가 있다. 그리고 그 누구도 그것을 무시할 권리는 지니고 있지 않다."
데이비드 말로프: "내 모어가 더 이상 사람들의 입속에서 살아있지 않다는 생각을 할 때 나 자신의 죽음보다도 더 깊은 전율이 나를 휩쓸고 지나간다. 내 종족의 죽음을 모두 합한 것이기 때문이다."

김형수-고은 대담(『경향신문』, 2012.2.24.)에서, 김형수가 데이비드 말로프의 말을 인용하면서, 내 모어의 죽음이 내 종족의 죽음이라는 깊은 전율을 언급했을 때, 고은이 즉각 꺼낸 인물이 바로 1936년부터 약 1년간 동경제국대학 초청(객원교수 자격)으로 일본에 왔고, 1937년 6월에는 식민지 조선에도 다녀갔던 독일의 문화철학자 에두아르트 슈프랑거였다.

고은: 국민학교에 들어가자마자(1943년, 만 10세의 나이로 초등학교 입학: 저자 주) 조선어시간 없어지고 일본어로만 수업을 하기 시작했어. 몇 해 전부터 중등과정에선 이미 조선어시간 없어졌으나 국민학교는 내가 1학년 되었을 때부터였지. 장차 이 조선어로 한 평생의 문자생활을 할 사람에게 그 문자가 금지당하는 사건으로부터 타자의 문자 체제에 편입된 것은 '태생의 상처'에 해당되지 않은가.

김형수: 자기 땅에서 유배당한 셈입니다. 삼국이 다른 언어를 썼으면 지금도 남북의 언어가 달랐을 거예요.

고은: 식민지시기 후기 조선어가 금지된 문자, 금단의 언어가 되고 말았어.

김형수: '세계 내 존재'란 '언어 내 존재'라는 것을 뜻하기도 할 것입니다. 한글은 우리를 매우 유구한 '세계 내 존재'로 이끌어왔음이 분명합니다.

고은: 1936년부터(연도 수정: 저자 주) 1년간 독일철학자 에두아르트 슈프랑거가 동경제대 초청으로 일본에 왔어. 이 사람은 생의 철학자 딜타이의 수제자였는데 그가 일본 열도의 각 제국대학 순회강연 뒤 조선의 경성제대에서도 강연을 했네. 그는 총독부 간부에게 식민지언어를 그대로 허용하고 무슨 식민지정책이냐, 이것은 식민지정책의 실패다라고 지적했지. 그는 일본에서 정부 문부성 총서 시리즈 『문화철학의 문제』라는 저술도 이와나미쇼텐에서 출간한 사람

이네. 이 충고 뒤 조선총독부는 친일귀족 현영섭(나중에 영남으로 개명) 부자를 시켜 탄원서를 내게 했지(나중이 아니라 먼저의 이름이 영남이었음: 저자 주). 조선어는 낡은 시대의 언어이고 일본어는 새 문명의 언어이니 낡은 언어문자를 없애 달라는 요지였어. 이에 앞서 일본도 1936년 미나미 총독이 선임되자마자 창씨개명과 일본어 사용을 획책하기 시작했네.(고은·김형수, 2017)

문화철학자 슈프랑거는 교육을 만남, 도야, 문화, 각성의 성격을 갖는다고 규정했고, 교육의 본질을 문화의 번식 현상으로 설명했으며, 교육에 사랑과 영혼의 개념을 입혀 교육애, 사랑의 진보, 영혼의 각성, 영혼의 결합, 영혼을 움직이는 지렛대 등과 같은 교육언어를 생산·유포했던 인물이다. 슈프랑거의 1957년의 글 『천부적인 교사』(*Der geborene Erzieher*)에 대한 김재만의 역자 서문은 한국 교육학계에 각인된 슈프랑거의 위상을 잘 보여준다.

소위 문화철학자로서 분석철학자의 딜타이를 견제하는 입장에 있는 슈프랑거는 교육학적으로는 페스탈로치를 모범으로 삼고, 소크라테스와 플라톤을 교육학적 원류로 계승하고 있다. 교사의 가장 기본적인 역할을 '지렛대'에 비유하고, 인간의 영혼을 움직일 이 지렛대를 어디다 댈 것인가? 에 대하여 신중하게 논술을 펴 나간다. 근본적으로 교사는 생도의 영혼을 움직여야 한다. 영혼을 일깨워야 한다. '영혼의 각성'이야말로 교육의 모형이다. 여기에서 소크라테스의 조산(助産)은 진정한 교육적 의미를 갖게 된다...... 마지막에 상론되어있는 '교육애'는 정말 이 책의 클라이막스다. 육신의 사랑으로부터 정신화되는 사랑, 영혼의 결합에로 지향하는 사랑의 진보, 그것은 정말 교육서라기보다는 차라리 만인의 경전이라고 할만하다. 누구라도 이 책을 읽는 사람이라면 교육적인 분발을 새로이 하게 될 것이다.(김재만, 1976)

분명한 것은 슈프랑거의 사랑의 교육학이나 영혼의 교육학에 나라 잃은 민족의 말과 글의 문제에 대한 어떠한 연민과 성찰과 논의도 들어있지 않다는 점이다. 슈프랑거는 제국주의 국가가 영토를 새로이 획득·확장할 때마다 식민지의 언어를 말살하는 작업에 나서야 한다고 말했다. 그는 천상 문화철학과 사랑의 교육학이라는 가면을 쓴 제국주의 철학자였던 셈이다. 그 기만과 폭력의 세계에 대한 엄정한 비판적 논의가 선행되어야만, 말과 글을 잃고, 이제 성과 이름마저 빼앗기고 마는 창씨개명 정국의 정신현상을 본격 논의할 수 있을 것이다.

연희전문학교 재학생 윤동주의 심리와 내면, 그의 어둡고 암울한 마음의 세계를 파악하는 과정에서 그가 겪고 넘어가야 할 장애물 중의 하나는 식민권력에 의해 자행된 창씨개명 정책이었다. 식민권력은 창씨개명 정책을 식민교육의 사실상의 완성편이라고 생각했다(박균섭, 2006). 하지만 조국을 잃은 시대를 아픈 마음과 고통 속에 살아야 했던 청년 윤동주, 연희전문학교 졸업을 앞둔 시점에서 그의 정체성을 흔들었던 것은 무엇보다도 식민권력에 의해 강행된 창씨개명 정책이었다. 그것은 금지된 문자, 금단의 언어에 이어 이름정체성의 실종, 존재의 파멸로 이어지는 것이기도 했다. 하타다 다카시의 관찰법을 적용해본다면, 왜 윤동주는 밝고 당당하지 못했는가, 왜 윤동주는 살아가는 기쁨과 미래에 대한 희망을 갖기 어려웠는가를 되묻는 장면이기도 할 것이다.

2. 기괴한 이름의 조립, 히라누마 도쥬

윤동주와 송몽규는 일본 유학 목적의 도항증명서 취득을 위해 창씨개명계를 제출해야만 했다. 윤동주는 히라누마 도쥬(平沼東柱)라는 이름을 제출하였고(1942.1.29.), 송몽규는 소무라 무케이(宋村夢奎)라는 이름을 제출하였다(1942.2.12.). 엄밀히 말하면 윤동주는 창씨개명을 한 것이 아니라 창씨를 한 것이겠으나, 히라누마 도쥬(平沼東柱)라는 이름이 기괴한 이름으로 보이는 것은 어쩔 수 없는 사실이다. 하지만 그 기괴한 창씨도 집안에서 고심에 고심을 거듭한 끝에 내놓은 창씨였다. '히라누마(平沼)'라는 창씨는 파평(坡平) 윤씨의 가문·문중을 상징하는 '평(平)'자에다가, 다소 황당한 발상

이긴 하지만 윤씨 조상의 탄생설화(연못, 잉어)에 등장하는 '소(沼)'자를 합성한 것이다. 창씨 과정에서 윤씨 가문의 자취와 흔적을 몇 가닥 붙들고자 했던 마지막 몸짓을 확인할 수 있다. 일제 강점자들의 창씨개명은 조선인에게 강요된 참혹한 정신적 고문이었으며 극악한 인권 범죄 행위였다. 한 민족의 말과 글, 성과 이름의 사용을 강제로 금하는 일은 곧 존재의 파멸, 세계상의 절멸을 의미하는 것이기 때문이다. 윤동주가 겪어야 했던 창씨개명의 폭력성과 이로 인한 자아정체성 파멸의 현실을 드러낸 작품으로는 「길」(1941.9.31.), 「별 헤는 밤」(1941.11.5.), 「서시」(1941.11.20.), 「참회록」(1942.1.24.) 등을 들 수 있다. 윤동주가 창씨개명한 시점은, 창씨개명령을 발표한 1939년 11월 30일, 그리고 시행에 들어간 1940년 2월 11일로부터 거의 2년이 지난 이후의 일이었다. 윤동주의 창씨개명(1942.1.29.)은 창씨개명령 시행개시일(1940.2.11.)보다 「길」, 「별 헤는 밤」, 「서시」, 「참회록」의 발표 시점과 시간적으로 더 근접거리에 있음을 확인할 수 있다.

[표 3] 윤동주의 창씨개명 관련 시적 표상

1939.11.30.	1940.2.11.	1941.9.31.	1941.11.5.	1941.11.20.	1942.1.24.	1942.1.29.
창씨 개명령 발표일	창씨 개명령 시행 개시일	「길」	「별 헤는 밤」	「서시」	「참회록」	창씨 개명계 제출일

윤동주는 「길」(1941.9.31.)에서 "잃어 버렸습니다./ 무얼 어디다 잃었는지 몰라/ 두손이 주머니를 더듬어/ 길에 나아갑니다./ ……// 돌담을 더듬어 눈물짓다/ 처다보면 하늘은 부끄럽게 푸릅니다./ 풀 한포기 없는 이길을 걷는 것은/ 담저쪽에 내가 남어있는 까닭이고,// 내가 사는것은, 다만,/ 잃은것을 찾는 까닭입니다"라고 했다. 담 저쪽에 남아있는 '나'는 화자가 잃어버린 참된 자아라는 뜻이고, 이는 언젠가는 잃어버린 이름의 정체성을 되찾겠다는 다짐으로 읽힌다. 「길」(1941.9.31.)에 이어 35일 만에 발표한 시 「별 헤는 밤」(1941.11.5.) 또한, 시의 문체적 장치에 주목할 때, 창씨개명으로 인해 이름의 정체성이 파탄 나는 시점의 시대적 고민과 선이 닿아있음을 확인할 수 있다.

「별헤는밤」

季節이 지나가는 하늘에는
가을로 가득 차있습니다.

나는 아무 걱정도 없이
가을속의 별들을 다 헤일듯합니다.

가슴속에 하나 둘 색여지는 별을
이제 다 못헤는것은

쉬이 아츰이 오는 까닭이오,

來日밤이 남은 까닭이오,

아직 나의 靑春이 다하지 않은 까닭입니다.

별하나에 追憶과

별하나에 사랑과

별하나에 쓸쓸함과

별하나에 憧憬과

별하나에 詩와

별하나에 어머니, 어머니,

어머님, 나는 별 하나에 아름다운 말

한마디식 불러봅니다. 小學校때 冊床을

같이 햇든 아이들의 일흠과, 佩, 鏡, 玉

이런 異國少女들의 일홈과 벌서 애기

어머니 된 게집애들의 일홈과, 가난한

이웃사람들의 일홈과, 비둘기, 강아지, 토끼, 노새, 노루,

「쭈랑시쓰·짬」「라이넬·마리아·릴케」이런 詩人의 일홈을

불러봅니다.

이네들은 너무나 멀리 있습니다.

별이 아슬이 멀듯이,

어머님,

그리고 당신은 멀리 北間島에 게십니다.

나는 무엇인지 그러워

이많은 별빛이 나린 언덕우에

내 일홈자를 써보고,

흙으로 덥허 버리엿습니다.

따는 밤을 새워 우는 버레는

부끄러운 일홈을 슬퍼하는 까닭입니다.

(一九四一, 十一, 五.)

그러나 겨울이 지나고 나의별에도 봄이 오면

무덤우에 파란 잔디가 피여나듯이

내일홈자 묻힌 언덕우에도

자랑처럼 풀이 무성 할게외다.

「별 헤는 밤」에서 말하는 흙으로 썼다가 덮어버린 이름은 윤동주의 일본식 이름인 '히라누마 도쥬'에 의해 밀려나 더 이상 사용할 수 없게 된 한국식 이름 '윤동주'였다. 윤동주는 「별 헤는 밤」에서 "어머님, 나는 별 하나에 아름다운 말 한마디씩 불러봅니다"라고 말하면서, ① 소학교 때 책상을 같이했던 아이들의 이름, ② 패(佩), 경(鏡), 옥(玉) 이런 이국 소녀들의 이름, ③ 벌써 아기 어머니 된 계집애들의 이름, ④ 가난한 이웃 사람들의 이름, ⑤ 비둘기, 강아지, 토끼, 노새, 노루, ⑥ 프랑시스 잠, 라이너 마리아 릴케 이런 시인들의 이름 등을 제시하였다. 이들 모두는, 특히 ⑤에서 알 수 있듯이, 온유하고 순박하고 아름다운 이름들이다. 이들은 창씨개명의 압박으로부터 자유로운 이름을 갖고 있기에 더더욱 그렇다.

"나의 별에도 봄이 오면"이라는 구절을 통해, 시적 주체가 처한 상황은 죽음의 계절인 겨울이라는 것을 알 수 있다. "내 이름자를 써 보고", "부끄러운 이름", "내 이름자 묻힌 언덕"이라는 구절을 통해, 시적 주체는 창씨개명으로 인해 이제는 더이상 사용할 수 없게 된 본래의 이름에 대한 이별연습에 나선 것을 알 수 있다. 이 비유는 우리 말 성과 이름의 죽음을 나타내며 성과 이름을 사용할 수 없는 치욕의 이 시대가 무덤과 같은 죽음의 시대임을 지적한 것이라고 말할 수 있다(유재천, 2001). 「별 헤는 밤」에는 부끄러운 이름을 슬퍼하며 우는 벌레가 등장하는데, 그 벌레는 이 시의 화자 윤동주 자신을 일컫는다. 존재의 상징인 이름의 상실, 윤동주는 이름을 빼앗긴 자신의 삶을 벌레의 삶으로 비유했던 것이다.

윤동주의 창씨개명, 그의 내면을 형용하는 시어의 흐름에 주목하기로는 「별 헤는 밤」(1941.11.5.) 이후 15일 만에 지은 시이자 그의 삶의 본연을 노래한 시로 평가받는 「서시」(1941.11.20.)를 들 수 있다.

「서시」

죽는 날까지 하늘을 우르러
한점 부끄럼이 없기를,
잎새에 이는 바람에도
나는 괴로워했다.
별을 노래하는 마음으로
모든 죽어가는것을 사랑해야지
그리고 나안테 주어진 길을
거러가야겠다.

오늘밤에도 별이 바람에 스치운다.

당시 윤동주가 겪었던 심리적 갈등과 내면의 울렁증을 제대로 표상하는 것은 쉽지 않은 일이다. 창씨개명을 앞에 놓고, 윤동주라는 이름은 사라지고 히라누마 도쥬라는 기괴한 이름으로 변질될 자신의 운명, 그것이 「서시」를 통해 드러냈던 그의 내면이기도 했다. 윤동주를 사랑한다는 이런저런 모임을 많이 갖고 있는 일본인들에게 윤동주의 대표작 「서시」는 어떤 해석의 대상이었을까. 그것은 어쩌면 윤동주에 대한 오역·오인·오해로 미끄러지기 십상인 그 무엇이었다.

일본 측의 윤동주를 기억·지지하는 사람들은 특히 「서시」에 주목하지만 이에 대한 일본어 번역은 시인의 삶과 그 내면을 제대로 포착하지 못한 것이었다. 피하기 힘든 그 문제는, 일본에서 정본으로 통하는 이부키 고(伊吹郷)의 「서시」 번역을 놓고도 확인할 수 있다(伊吹郷譯, 1984). 특기할 사실은 윤동주에게 의문의 죽음은 없었다는 이부키 고의 주장의 전사(前史)에는 「서시」 번역상의 문제가 버티고 있다는 점이다.

첫째, "죽는 날까지 하늘을 우러러[死ぬ日まで空を仰ぎ]"에서 '하늘'을 '천(天)'이 아닌 '공(空)'이라고 번역한 것은 하늘을 어떠한 종교사상적 가치도 의미도 없는 텅 빈 공간, 무의미의 공중으로 처리했다는 점에서 세계관의 절벽을 드러낸 오역이다(日本基督教団出版局編, 1995; 한수영, 2010). 둘째, "한 점 부끄럼이 없기를[一点の恥辱なきことを]"의 '부끄러움'을 '치욕(恥辱)'으로 번역한 것은 한국적 의미의 부끄러움의 순수성, 슬픈 천명을 향한 자아의 자기 동력을 뭉갠 오역이다. 셋째, "잎새에 이는 바람[葉あいにそよぐ風]"을 소녀적 감상을 형용하는 '살랑이는 바람[そよぐ風]'으로 번역한 것은, 식민지 땅을 아무 힘도 없이 살아가는 존재[잎새]를 향해 부는 파시즘의 바람[起こる風]을 제대로 포착하지 못했다는 문제를 갖는다(大村益夫, 1997). 넷째, "죽어가는 모든 것을 사랑해야지[生きとし生けるものをいとおしまねば]"에서 '죽어가는 모든 것'을 '살아 있는 모든 것'으로 번역하면서, 윤동주가 겪었던 민족 수난의 장면이나 실존적 고뇌, 창씨개명으로 인한 내면의 고통은 온데간데없는 시로 만들고 말았다는 점에서 심각한 오역이다(홍이표, 2006).

서경식은 윤동주의 「서시」 원문을 그대로 읽으면 이부키 고의 번역에서처럼 굳이 '살아있는 모든 것' 따위로 거드름 피는 번역어를 고를 이유가 없다면서 이를 일본인들의 식민지적 죄의식을 피해가려는 욕망—회피의식으로 규정했다(서경식, 2006; 徐京植, 2006). 이바라기 노리코가 윤동주의 작품과 그의 인생에 대해 기록한 에세이(茨木のり子, 1986)가 1990년 일본 고교 국어교과서 『신편 현대문』에 실리면서부터 윤동주의 「서시」는 일본에 널리 알려지기 시작했는데, 문제는 이바라기 노리코가 이부키 고의 「서시」에 대한 오역을 별다른 수정 없이 그대로 인용·유포했다는 데 있다. 「서시」에 반영된 윤동주의 정서를 제대로 그려내지 못한 것도 문제이지만, 그리 하려고 해도 성과 이름을 바꾼다는 것, 그 파멸적 상황을 제대로 헤아리기 힘든 일본인들의 본질적 한계는 노출될 수밖에 없었을 것이다.

3. 창씨개명계 제출 5일 전에 지은 시 「참회록」

윤동주가 「별 헤는 밤」(1941.11.5.)과 「서시」(1941.11.20.)에 이어 남긴 시는 「참회록」(1942.1.24.)이다. 윤동주는 「참회록」을 쓰고 난 5일 후인 1월 29일, 도항증명서(유학 비자) 신청을 위해 히라누마 도쥬(平沼東柱)라고 창씨개명한 이름을 연희전문학교에 제출했다. 윤동주의 창씨개명계 제출일(1942.1.29.)은 예년의 경우라면 연희전문학교 졸업 이전에 해당한다. 하지만 일본의 진주만 공습(1941.12.8.)으로 인해 1942년 3월 중에 열릴 예정이었던 졸업식은 1941년 12월 27일로 앞당겨졌다. 결과적으로 윤동주는 연희전문학교 졸업(1941.12.27.) 이후에 학교에 창씨개명계를 제출(1942.1.29.)한 셈이다.

윤동주의 시 「길」, 「별 헤는 밤」, 「서시」, 「참회록」에는 창씨개명 관련 시적 표상이 암호처럼 붙박여 있다. 윤동주의 감정과 내면이 어떤 정신지형을 갖는지를 확인하는 결정적인 장면은 「참회록」에서 찾을 수 있다. 윤동주의 참회, 그 슬픈 자화상을 마주하는 과정에서 도항증명서 발급이라는 현실적 필요를 만나게 된다. 특별할 것도 없는 얘기지만, 조선인은 일본인과 달리 도항증명서가 없이는 관부연락선을 승선할 수 없었다. 그들의 내심에는, 조선인은 진정한 황국신민일 수 없었고, 그 경계 및 의심 대상에서 윤동주도 예외일 수가 없었다.

「참회록」

파란 녹이 낀 구리 거울 속에
내얼골이 남어있는 것은
어느 王朝의 遺物이기에
이다지도 욕될가

나는 나의 懺悔의 글을 한줄에 주리자,
── 滿二十四年一個月을
무슨 깁븜을 바라 살아왔든가

내일이나 모레나 그어느 즐거운날에
나는 또 한줄의 懺悔錄을 써야 한다.
── 그때 그 젊은나이에
웨 그런 부끄런 告白을 했든가.

밤이면 밤마다 나의거울을
손바닥으로 발바닥으로 닦어보자

그러면 어느 隕石밑우로 홀로거러가는
슬픈사람의 뒷모양이
거울속에 나타나온다.

윤동주는 구구하게 장황하게 참회의 글을 쓰려고 하지 않았다. 윤동주는 "나는 나의 懺悔의 글을 한줄에 주리자, ── 滿二十四年一個月을 무슨 깁븜을 바라 살아왔든가"라고 자문하였고, "나는 또 한줄의 懺悔錄을 써야 한다. ── 그때 그 젊은나이에 웨 그런 부끄런 告白을 했든가"라고 참회의 심연을 드러냈다. 창씨개명계 제출을 눈앞에 둔 1942년 1월 24일 시점의 윤동주는, 거울 속에 비친 그의 얼굴이 그렇게도 욕된 것이었고, 삶의 기쁨이란 차마 기대할 수 없는 삶을 살았으며, 내일이나 모레나 그 어느 즐거운 날을 설정하면서 그때 그 젊은 나이에 했던 부끄러운 고백을 참회의 대상으로 말하였다. 윤동주는 만 24년 1개월을 괴로움 속에 살아왔기에 아무 기쁨 없는 삶을 살았다고 고백하면서도, 특히 형편상 어쩔 수 없이 기괴한 일본식 이름을 갖게 된 것에 대해 한없는 부끄러움을 드러냈던 것이다.

한국문학사에서는 창씨개명과 관련하여 정반대의 이유를 가진 두 종류의 참회록이 등장했음을 확인할 수 있다. 창씨개명의 두 장면, 이광수의 너무도 자랑스러운 이름과 윤동주의 너무도 부끄러운 이름, 그 윤곽을 대조·검토하면서 우리는 누구에게나 기다리고 있을 역사의 준엄한 심판을 떠올리게 된다.

> [# 장면 1: 이광수의 너무도 자랑스러운 이름] 이광수는 가야마 미츠로(香山光郞)라고 창씨개명했다. 그의 창씨개명은 폭풍 같은 감격 속에 이루어졌다(『每日申報』 1940.1.5.). 이광수는 「창씨와 나」라는 글에서 "……이광수라는 씨명으로도 천황의 신민이 못되는 것은 아니다. 그러나 가야마 미츠로가 조금 더 천황의 신민답다"(『매일신보』 1940.2.20.)고 믿기 때문에 창씨개명을 했다고 술회했다.……주인과의 동화를 구걸하는 이광수의 비루함은 그의 참회의 글에서 절정에 이른다.……이광수는 「조선문학의 참회」라는 글에서 "내가

고읍(古邑) 역 대합실에 병합조서(倂合詔書)의 등사본을 봉독한 것은 운무 자욱한 (1910년) 8월 29일 아침이었다. 그때에 겨우 19세인 소년 교사인 나는 통곡하였다. 나는 합병의 진의를 오해한 것이었다.……그런데 나도 시정(始政) 30주년의 이날(1940.8.29.)에 내 문학의 동지들과 과거 30년간 내 졸렬한 글을 읽어주신 독자에 대하여 진심으로 참회하고 사죄하지 아니 하면 아니 될 경우에 달하였다"고 하였다(『매일신보』 1940.10.1.). 창씨개명 이후, 이광수의 참회라는 것은 이렇게 창씨개명을 했다는 사실에 대한 참회가 아니라 합병의 진의를 오해한 것에 대한, 일찍부터 미리 알아서 일본 천황에 충성과 복종을 다하지 못한 것에 대한 참회였다.(박균섭, 2006)

[# 장면 2: 윤동주의 너무도 부끄러운 이름] 윤동주가 "파란 녹이 낀 구리거울 속에/ 내 얼굴이 남아있는 것은/ 어느 왕조의 유물이기에/ 이다지도 욕될까"로 시작하는 「참회록」을 쓴 것은 1942년 1월 24일이다. 그리고 일본 도항증명서(유학 비자) 신청을 위해 윤동주는 1942년 1월 29일 히라누마 도쥬(平沼東柱)라고 창씨한 이름을 연희전문학교에 제출했다. 윤동주의 연희전문학교 졸업식은 1942년 3월 예정이었으나, 1941년 12월 8일 새벽, 일본의 미국 진주만 공습을 계기로 1941년 12월 27일로 앞당겨졌다. 이렇게 윤동주가 창씨한 시점은, 창씨개명령을 발표한 1939년 11

월 30일, 그리고 시행에 들어간 1940년 2월 11일로부터 거의 2년이 지난 이후의 일이었다. 윤동주의 창씨는 창씨개명령의 시행 개시일(1940.2.11.)보다 「별 헤는 밤」(1941.11.5.)이나 「참회록」(1942.1.24.)의 발표 시점과 더 친연관계에 있다.…… 자기가 저지른 죄를 깊이 뉘우치는 것이 참회라고 한다면, 윤동주가 깊이 뉘우칠만한 죄는 무엇이었는지를 밝힐 필요가 있다. 윤동주는 수백 년 변함없이 써오던 윤씨 성을 일본 유학을 위해 '히라누마'라는 기괴한 일본식 씨로 바꾸었다는 사실에 참담한 부끄러움을 느꼈다.(박균섭, 2006)

경남 마산에서 태어나 마산소학교와 부산중학교를 졸업할 때까지 17년간 이 땅에서 식민자의 아들로 특권을 누리며 자랐던 하타다 다카시(旗田巍, 1908~1994)는 식민지 땅에 태어나 살아가는 사람들의 표정과 몸짓에 주목하였다. 하타다 다카시는 "어릴 적 기억을 더듬으면 조선인의 밝고 당당한 모습이 떠오르질 않는다. 살아가는 기쁨, 미래에 대한 희망이 있었을 텐데, 그런 것은 어린애의 눈에 보이지 않았다. 어둡고 가난했다는 인상이 강했다"고 회상하였다(旗田巍, 1983). 그가 조선인을 통해 밝고 당당한 모습, 살아가는 기쁨, 미래에 대한 희망을 볼 수 없었다고 했을 때의 그 정황은 윤동주의 표정과 몸짓을 통해서도 확인할 수 있는 일이었다.

윤동주가 「참회록」을 통해 "滿二十四年一個月을/ 무슨 깁븜을 바라 살아왔든가"라고 스스로에게 묻는 장면은 하타다 다카시가 17년의 기억을 더듬으면서 조선인에게서는 그 어떤 밝고 당당한 모습도 보이지 않았고, 현실을 살아가는 기쁨이나 미래에 대한 희망도 찾기 힘들었다고 했던 장면과 그대로 겹친다는 것을 알 수 있다.

윤동주의 창씨개명과 도항증명서 발급 과정을 놓고 보면, 윤동주의 일본 유학은 그의 적극적인 의사의 반영인 것처럼 보이지만, 당시 그의 정서를 지배했던 것은 미래에 대한 불확실성이었다. 윤동주는 진로 결정 과정에서 당시 아버지의 기대를 저버리고 문과 전공을 택했던 데다가, 할아버지가 대안·중재의 성격으로 내놓은 문과를 하되 열심히 공부해서 꼭 고등고시에 합격하도록 하라는 당부와 충고마저도 따르지 못했다. 윤동주는 연희전문학교를 졸업하고 일본 유학에 앞서 잠시잠간 북간도 고향에 다니러 갔지만, 그 당시 그의 심경은 졸업 시점(1941.12.27.)과 창씨 시점(1942.1.29.), 그리고 그 사이의 「참회록」(1942.1.24.)의 작성 시점을 놓고 볼 때 부끄러움과 욕됨과 참회의 정서가 복합된 상태였음을 알 수 있다. 연희전문학교 졸업 이후 일본 유학을 가기 전 몇 달 동안의 윤동주의 정서는 이처럼 부끄러움과 욕됨과 참회의 심정에다가 미안하고도 송구한 마음의 복합 상태였다고 말할 수 있다.

제5장

릿쿄대학 시절의 윤동주

1. 1942년 4월 10일, 릿쿄대학의 학부 단발령 실시

윤동주는 1942년 1월 29일, 연희전문학교에 창씨개명계를 제출하고 도항증명서를 발급받아 일본 유학 길에 나섰고, 1942년 4월 2일, 성공회계열의 대학인 도쿄의 릿쿄대학(立教大學) 문학부 영문학과에 입학하였다. 원래 윤동주는 송몽규와 함께 교토제국대학(京都帝國大學)에 지원했으나, 이에 실패하는 바람에 도쿄의 릿쿄대학에 입학한 것으로 알려져 있다.

송우혜(2004)는 윤동주의 고향 후배 장덕순과 집안 친척 김신묵(문익환 어머니)의 회고담을 빌어 윤동주도 처음에는 송몽규와 함께 교토제국대학에 입학시험을 치렀으나 낙방하여 다시 도쿄의 릿쿄대학에 입학시험을 쳐서 합격하였다고 전한다. 반면 미즈노 나오키(水野直樹)는 교토대학 대학문서관에 보관된 문학부 교무과 <1942년 1월 입학관계철>과 <1942년 4월 입학원서>를 살펴본 결과, 교토제국대학 선과 입학지원자 명단에 송몽규의 이름은 있는데, 윤동주의 이름은 찾을 수 없었다고 말하고, 윤동주는 애초에 교토제국대학 문학부 입학시험에 응시하지 않았을 것으로 보았다(미즈노 나오키, 2018).

윤동주의 릿쿄대학 새내기시절, 당시 릿쿄대학 재학생 박태진[1]은 한국인 유학생 오리엔테이션 모임에서 유창한 프랑스어 실력으로 프랑스 시를 낭송하였다. 박태진은 당시 윤동주로 보이는 어느 학생이 시 낭송 장면을 주의 깊게 지켜보았다고 회고하였다. 다고 기치로는 당시의 상황을 다음과 같이 전한다.

> 그(박태진)의 기억에 따르면, 어느 날 평소처럼 친구들 앞에서 프랑스어 낭송을 하고 있었는데 잘 모르는 유학생으로부터 "어떻게 하면 프랑스어를 그렇게 잘할 수 있습니까"라는 질문을 받았다. 이에 박태진은 도쿄에 있는 프랑스어학교인 아테네·프랑세에서 배울 것을 추천했는데, 그 질문을 해온 학생이 윤동주였다는 것이다.(多胡吉郎, 2017)

---

1 박태진(朴泰鎭, 1921~2006)은 1939년 평양고보를 졸업하고 1940년 릿쿄대학 문학부 영문학과에 입학했으나 1944년 학도병으로 징집되어 중국 전선에 배치되었다. 난징에서 해방을 맞았고 1946년 상하이를 거쳐 피난민을 따라 부산항에 도착했다. 귀국 이후 미군정청 농림부 소속 번역관으로 일을 했고, 1947년 이화여고에서 영어를 가르쳤는데 이때 박목월도 이화여고에 국어교사로 부임해왔다. 박태진은 이를 계기로 박목월, 박두진, 조지훈 등과도 어울리게 되었다(참고: "박태진"—한국민족문화대백과사전).

박태진이 윤동주에게 추천했다는 도쿄의 프랑스어학교 아테네 프랑세(アテネ·フランセ, Athénée Français)는 조셉 코트(Joseph Cotte)가 1913년에 동경외국어학교예과 사립고등불어부를 설립하였고, 이 학교는 1914년에 아테네 프랑세로 이름을 바꾸었다(https://athenee.jp/teacher/). 일찍이 시인 이상화와 불문학자 이휘영도 아테네 프랑세에서 프랑스어와 프랑스문학을 공부했던 것으로 알려져 있다. 윤동주가 프랑스 시에 대한 사랑과 함께 그 크기만큼 프랑스 시인에 대한 관심도 높았다는 것은 비교적 잘 알려진 사실이다. 이는 윤동주가 릿쿄대학을 그만두고 도시샤대학에 편입하여 다닐 때에 숙부 윤영춘을 만나 밤이 깊도록 주고받은 말 중에 프랑스 문학에 대해 관심을 보였던 것과도 일치하는 부분이다. 그런데 박태진의 회고담을 통해, 일찍이 윤동주는 릿쿄대학 입학 당시에도 프랑스 시와 시인에 대해 관심을 가졌다는 사실을 확인할 수 있으며, 그 관심 또한 릿쿄대학 입학과 함께 갑자기 생겼다기보다는 그 전사가 있었을 것이라고 짐작해볼 수 있다.

릿쿄대학의 건학정신은 '자유의 학부'를 지향하는 것이었지만, 교시로는 "신과 국가를 위하여(Pro Deo et Patria)"를 표방하였다. 하지만 1940년대 들어 이러한 기조와 정신은 작동을 멈추고 말았다. 1941년 태평양 전쟁의 발발과 더불어 릿쿄대학의 외국인 교원은 본국에 송환되었고, 1943년에는 릿쿄대학 문학부 및 대학교회가 폐쇄되었으며, 1944년에는 이과전문학교의 설치("릿쿄이과전문학교")라는 대학의 구조 변경이 있었다. 릿쿄대학은 전후 1946년

에 이르러 문학부가 부활되었다. 2004년 5월 8일-15일 릿쿄대학 다치카와기념관에서 열린 <릿쿄학원 창립 130주년 기념전「릿쿄학원과 전쟁: 흔들렸던 건학정신」>(立教学院創立130周年記念展「立教学院と戦争: 揺れた建学の精神」)에서는 미일 전쟁 중의 릿쿄대학의 굴절 양상을 다음과 같이 기술하였다.

> 미일 관계의 악화는 미국 성공회와 관계가 깊은 릿쿄학원에도 영향을 미치게 된다. 1940년 8월부터 9월까지 일본 성공회는 미국 성공회로부터의 경제적 독립을 결정하고, 기독교교육동맹회가 교육기관의 일본인화를 포함한 시국 대응에 대해 합의한다. 이런 상황에서 릿쿄학원의 외국인 교사들은 귀국길에 올랐고 1940년 10월 초 찰스 레이프스나이더(Charles S. Reifsnider)가 이사장·대학총장직을 사임하고 이사장에 마츠이 요네타로(松井米太郎), 학원총장·대학학장에 도야마 이쿠조(遠山郁三)가 취임했다. 이와 같이 릿쿄학원이 일본화되어 가는 가운데, 오직 혼자 일본에 머물러 있던 폴 러쉬(Paul Rusch)도 1941년 12월의 미일 개전 직후에 억류되어 1942년 6월에는 강제 송환되고 말았다.……전황이 악화되는 1943년이 되면 중등학교 이상의 학생·생도가 군수공장 등에 동원되는 일이 본격화되어 1944년에는 1년간 항상 동원되기에 이르렀다. 릿쿄학원에서도 학원(學園)에 남아 있던 대학생과 3학년 이상의 중학생은 교실을 떠나 공장

으로 동원되면서 사실상 수업이 정지 상태에 빠졌다. 또한 1945년 4월부터는 국민학교 초등과 이외의 학교에서의 수업이 정지되기에 이르렀다. 또 하나는 학도 출진이다. 1941년 이후 고등교육기관의 수업연한은 3개월에서 6개월 단축되었다. 이는 징병이 유예됐던 고등교육기관 학생들의 졸업을 앞당기고 사관이 될 인재를 빨리 모으기 위한 조치였다. 그리고 1943년에는 재학 중 징병유예가 정지되고 이른바 학도 출진이 실시되었다. 학생들은 학업 도중에라도 전쟁터로 가야만 했던 것이다. 군국주의 국가주의 물결은 릿쿄의 존재 의의인 기독교적 요소도 빼앗아 갔다. 1942년 9월, 릿쿄학원은 문부성의 의향이나 학원(學院) 내의 반기독교 운동에 굴복해 발족 이래의 목적인 '기독교주의에 의한 교육을 행함'을 '황국의 도에 의한 교육을 행함'으로 변경하였고, 릿쿄대학의 목적으로 앞세운 '기독교주의에 기초한 인격의 도야'라는 문구도 삭제하지 않으면 안 되었다. 비슷한 시기 릿쿄학원 기독교주의의 상징이었던 채플도 폐쇄되고 말았다.(https://www.rikkyo.ac.jp/)

미국 성공회(聖公會, Anglican Church)에 의해 설립·운영되었던 릿쿄대학은 미일 관계의 악화로 인해 1940년 이후 일본인에 의한 학교 경영으로 바뀌었다. 대학 교가의 '자유의 학부'라는 문구도 문제시되어 제창 금지되는 등 당시 일본 군국주의·국가주의는 대학의 역사와 전통과 학풍을 일거에 삭제하고 말았다. 그러한 흐름 속에서 릿쿄대학은 1943년 12월에는 문학부를 폐쇄하였고(폐쇄 조치에 따라 문학부 학생들은 게이오대학으로 편입), 1944년 4월에는 릿쿄이과전문학교(이듬해에 릿쿄공업이과전문학교로 개편)를 개설하였다. 전쟁이 끝나고 1945년 10월 15일, 릿쿄대학은 미국 성공회 신도이기도 했던 맥아더(D. MacArthur) 연합국 최고사령관의 명령으로 <문부성훈령 제8호>가 발포되면서, 그리고 1947년 5월 3일, 일본국 평화헌법의 시행과 함께 '신교의 자유'를 보장받기에 이르렀다.

릿쿄대학 1학년 1학기를 다녔던 윤동주의 대학생활에 대해 알 수 있는 것은 그리 많지 않다. 하지만 릿쿄대학 출신 작가 야나기하라 야스코(楊原泰子)의 추적 조사를 통해 어느 정도의 소묘가 가능하다.

> (나는) 시인의 발자취를 조사하면서 그를 만났던 일본인의 증언을 샅샅이 수집하고 다녔다. 그 증언에서도 시인의 따뜻하고 성실하며 관대한 인품이 고스란히 느껴졌다. 1942년 4월 릿쿄대학에서의 동양철학사('쉽게 씌여진 시'에 나오는 늙은 교수 우노 데츠도의 수업이다) 수업이 끝난 뒤 시인은 종교학과의 이시가와 도시오 씨에게 "저는 조선에서 왔지만 이 대학에서 공부하고자 하니 좋은 교수를 소개해 달라"고 말을 걸었다. 이시가와 씨는 다카마츠 고지 교수를 소개

해줬고, 시인은 이 교수의 집을 방문한 듯하다. 또 이시가와 씨는 "히라누마(윤동주) 씨는 조용하고 내성적인 사람이었다"며 "릿쿄대학 옆 성공회신학학교의 구로세 야스로 주교 집에서 열린 다과 모임에도 종교학과 학생과 함께 참석했다"고 말했다.(야나기 야스코, 2015)

윤동주의 재학 당시 릿쿄대학은 대학 교육의 본래적 기능을 수행하기 어려운 상태였다. 릿쿄대학의 교육 불가능성에 대해서는 야나기하라 야스코의 추적 논의를 통해 그 정황이 확인된 바 있지만, 다고 기치로는 릿쿄대학의 실체적 진실에 대해 다음과 같이 부연 설명하였다.

태평양전쟁이 발발하고 몇 개월이 지나자 영국 성공회의 흐름을 이어받은 성공회계의 릿쿄대학에도 군국주의 바람이 꼼짝없이 들이닥쳤다. 군이 파견한 교련 교관이 활개를 치고, 예수 그리스도와 아마테라스 오미카미 중 어느 쪽이 위대한지 등의 우문을 학생들에게 던져 '종교재판'을 방불케 했으며, 시국을 따르는 '정답'을 강요하는 파쇼적 풍조가 만연해 있었다. 학교교육의 근저에 있는 기독교 정신은 부정되고, 채플은 그 해에 폐쇄 위기에 몰렸다. 종교학 교수이자 사제였던 다카마츠 고지(高松孝治)는 학자이자 인격자로서 많은 학생의 존경을 받았고 조선에서 온 유학생들에

> 게도 따뜻한 손길을 내민 인물이었지만, 시대의 추세 속에서 입지가 약해져 결국 학교에서 추방된다. 일본이 시작한 전쟁으로 다름 아닌 일본인이 박해받는 모습을 윤동주는 도쿄에서 직접 목격한 것이다.(多胡吉郎, 2017)

릿쿄대학 종교학 교수이자 사제였던 다카마츠 고지(高松孝治, 1887~1946)는 『과학전성시대의 신』, 『신시대를 신에게』 등의 저술로도 알려진 인물이었다(高松孝治, 1933, 1936). 다카마츠 고지는 당시 학생들의 존경을 받은 인물이었지만, 군국주의·전시체제의 국면에서 자신의 입지를 굳히지 못한 채 대학에서 추방되고 말았다. 이는 당시 조선인 유학생들의 대학생활은 어땠을까를 추론하는 상징적인 장면이라고 말할 수 있다.

릿쿄대학 문학부 영문학과 1년생 윤동주는 '자유의 학부'라는 별칭과는 달리 '학도 출진'이라는 국가신도의 군국주의·전쟁주의로 물들어버린 릿쿄대학을 더 이상 다니지 못하고 1학기 만에 학교를 떠나게 되었다. 특히 기독교 신자였던 윤동주에게 기독교학교인 릿쿄대학에서 다른 대학들보다도 앞서 단발령을 강압적으로 실시했던 사실은 예사롭게 여길 사안이 아니었다(송우혜, 2004). 이는 윤동주의 릿쿄대학 후배라 할 수 있는 야나기하라 야스코가 찾아낸 1942년 4월 10일자 『릿쿄대학신문』 기사(「學府斷髮令四月中旬實施」)를 통해 확인할 수 있다.

릿쿄대학은 성공회에서 경영하는 미션스쿨로, 일본 황실과도 밀착관계를 지닌 대학이었다. 일본 군국주의가 전쟁상태 내지 그 복류화 양상을 드러내던 시기에 종교와 정치가 밀착관계를 갖는다는 것은 릿쿄대학 유학생 윤동주에게 어떤 의미로 다가왔을까. 윤동주가 릿쿄대학을 떠난 사연을 실질적인 사안으로 환원하여 말하자면 그것은 다름 아닌 '교련 수업 거부'에 있었다고 말할 수 있다. 야나기하라 야스코의 조사에 의하면, 당시 릿쿄대학에서는 "조선인 학생 중에서 교련을 거부한 학생이 있다"는 소문이 돌았으며, 전시상태나 다를 바 없는 시기에 누군가가 교련 수업을 거부했다면 이는 중대 사안으로 부각될 수밖에 없는 사건이었다. 이러한 상황을 참작했는지 영화 <동주>에서는 윤동주가 교련 수업을 거부했다는 이유로 머리를 삭발 당하는 장면이 등장하지만, 실제로는 윤동주가 교련복을 입지 않은 채 교련 수업에 출석한 것을 두고 교련 수업을 거부했다는 말이 나돈 것이었다(김보예, 2019). 1942년 7월 하순, 도쿄의 릿쿄대학 학생 윤동주와 교토의 교토제국대학 학생 송몽규가 방학을 맞아 북간도에 일시 귀향했을 때, 1942년 8월 4일에 친지들과 함께 찍은 사진을 보면, 사진 속에 반삭발한 사람은 윤동주뿐이었다. 윤동주가 릿쿄대학에 정을 붙이지 못했던 배경에는 이처럼 교련 수업에 대한 반감도 작용했을 것이며, 이는 그가 당시 교련 수업이 없는 교토지역의 대학으로 학적을 옮기는 동인 중의 하나가 되기도 했을 것이다(김보예, 2019).

<사진 3> 1942년 용정 사진관에서 윤동주-송몽규 등이 함께 찍은 사진(1942.8.4.)

윤동주와 송몽규가 각각 릿쿄대학과 교토제국대학 1학년 1학기를 마치고 방학 기간에 용정에 모였을 때에 찍은 사진이다. 송몽규와 달리 윤동주의 단발이 특징적인데, 이는 『立教大學新聞』의 <學府斷髮令四月中旬實施> 기사(1942.4.10.)를 통해 확인할 수 있듯이, 제국대학보다도 특정의 사립대학이 앞장서서 학부 단발령을 실시했다는 증좌이다. 사진에 윤동주(○)는 1945년 2월 16일, 송몽규(△)는 1945년 3월 10일 후쿠오카에서 영면했다고 기록되어있다. 하지만 송몽규의 영면은 1945년 3월 7일이다. 사진을 보는 입장에서, 앞줄 가운데가 송몽규이고 뒷줄 오른쪽이 윤동주이다. 송몽규의 왼쪽은 윤영선, 오른쪽은 김추형이고 윤동주의 왼쪽은 윤길현이다. 사진 제공: 연세대학교 윤동주기념관.

윤동주가 릿쿄대학에 입학하기 1년 전인 1941년 가을, 육군 대좌 이지마 노부유키(飯島信之)가 릿쿄대학의 군사훈련 담당 교관으로 배속되었다. 이지마 노부유키는 릿쿄대학에 부임하기 전에 메이지대학(明治大學)에 배속되어 있었는데, 메이지대학에 있을 때도 그의 횡포가 워낙 심해 릿쿄대학으로 옮겨갈 때 메이지대학에서 축배를 들었다는 이야기가 나돌았다(송우혜, 2004). 실제로 릿쿄대학의 학생 중에는, 이지마 노부유키 대좌의 횡포로 인해 징병 연기 상태가 취소되어, 군대에 입대한 학생들이 꽤 많았다고 한다(송우혜, 2004). 윤동주가 릿쿄대학에 크게 애착을 갖지 못한 배경에는 다른 대학들보다 먼저 학부단발령을 시행하고 강도 높은 군사 훈련을 실시했던 것도 이유로 작용하였다.

2. 릿쿄대학에서 함께 했던 윤동주와 백인준, 그리고 늙은 교수 우노 데츠토

윤동주가 도쿄에 머문 시간은 릿쿄대학에 입학하고 첫 여름방학을 맞은 7월 하순까지의 4개월 정도에 지나지 않는다. 당시에 윤동주는 「흰 그림자」(1942.4.14.), 「흐르는 거리」(1942.5.12.), 「사랑스런 추억」(1942.5.13.), 「쉽게 씌어진 시」(1942.6.3.), 「봄」(1942.6.) 등의 5편의 시를 남겼다. 5편의 시는 모두 윤동주가 일본 유학 시절 어떠한 내면과 정서 상태에 있었는지를 포착할 수 있는 마지막 편린이라는 특징을 갖는다.

[표 4] 윤동주의 릿쿄대학 1학년 1학기에 지은 시 5편

발표일	1942.4.14.	1942.5.12.	1942.5.13.	1942.6.3.	1942.6.
제 목	「흰 그림자」	「흐르는 거리」	「사랑스런 추억」	「쉽게 씌어진 시」	「봄」

윤동주가 1942년 한 학기 동안 지은 다섯 편의 작품은 4월~5월에 씌어진 세 작품(「흰 그림자」, 「흐르는 거리」, 「사랑스런 추억」)을 초기작품으로, 6월에 씌어진 두 작품(「쉽게 씌어진 시」, 「봄」)을 후기작품으로 구분하여, 전자는 담담한 현실의 아픔을 드러냈고 후자는 긍정적인 미래에 대한 의지를 드러냈다고 파악하기도 한다(김인섭, 2009).

윤동주가 1학년 1학기를 다녔던 릿쿄대학, 그리고 도쿄라는 공간은 그의 의식세계에 어떤 의미로 다가왔을까. 도쿄의 윤동주를 파악하는 과정에서, 윤동주가 치안유지법 위반 혐의로 체포·구금(1943.7.14.)된 후에 나온 재판 판결문(1944.3.31.)에 등장하는 인물 백인준에 대해서도 관심을 갖고 살펴볼 일이다. 백인준에 대해서는 다고 기치로가 1995년 해방-종전 50주년 기념 특집 KBS-NHK 공동제작 다큐멘터리(<하늘과 별과 바람과 시: 윤동주, 일본 통치하의 청춘과 죽음>) 제작 과정에서 확보한 정보를 야나기하라 야스코에게 알려주면서 그 존재가 부각되었다. 소설가 황석영의 방북기를 통해 백인준과 윤동주가 릿쿄대학을 다닐 때 함께 하숙했다는 사실, 그리고 백인준의 릿쿄대학 학적부의 주소지를 확인한 결과, 그 위치가 신주쿠 다카다노바바역 부근이라는 사실을 확인했다.

1989년 3월 문익환 목사와 함께 방북했던 황석영의 방북기에는 백인준과 윤동주가 가까운 사이였음을 보여주는 단편 정보가 다음과 같이 등장한다.

> 곁에서 의전을 맡아보는 듯한 남자가 나를 어느 키 큰 노인에게 소개했다. "조선문학예술총동맹의 백인준 위원장이십니다." 그가 나를 와락 껴안고 등을 두드리며 말했다. "잘 왔소, 이게 얼마 만이오." ……백인준 선생은 금년(1989년: 저자 주)에 일흔둘이며 연희전문과 와세다(릿쿄대학에 대한 오기: 저자 주)를 나왔고 시인 윤동주와 동경시절에 같이 하숙을 했다고 한다. 시의 제목은 생각나지 않지만—남의 땅 남의 나라에서 어머님이 보내주신 학비 봉투를 받아 보니, 삶은 어려운데 시가 왜 이렇게 쉽게 써지느냐고 하는—그 유명한 시를 쓸 무렵에 백선생과 윤동주는 함께 살았다고 한다.……그는 몇 해 전의 남북문화교류 때에 서울에 왔던 적이 있어서 비교적 서울을 잘 아는 편이었다(작가 황석영 석방대책위원회 엮음, 1993)

위의 글에 착안하여 야나기하라 야스코는 백인준의 릿쿄대학 학적부를 통해 윤동주의 도쿄 하숙집 주소지에 대한 확인 작업에 나섰고, 확인 결과, 윤동주가 「쉽게 씌어진 시」에서 말한 육첩방(≒9.9㎡)의 하숙집은 다카다노바바역 근처에 있는 하숙집임을 알아냈다. 야나기하라 야스코의 확인 작업에 의하면 백인준이 릿쿄대학을 다니면서 하숙했던 곳은 두 군데였고, 여기에는 현재 사회복지법인 일본점자도서관(Japan Braille Library)과 학교법인 환경예술학원 일본플라워디자인전문학교(Nihon Flower Design Training School)

가 들어서있다(東京新聞, 2013.1.15.). 이 두 곳 중 어느 한 곳이, 윤동주와 백인준이 함께 하숙했던 육첩방의 하숙집이었다. 윤동주가 도쿄의 하숙방 한 켠에서 자신의 침전하는 삶의 부끄러움을 고백한 「쉽게 씌어진 시」(1942.6.3.)는 다음과 같다.

「쉽게 씨워진 詩」

窓밖에 밤비가 속살거려
六疊房은 남의 나라,

詩人이란 슬픈天命인줄 알면서도
한줄 詩를 적어볼가,

땀내와 사랑내 포그니 품긴
보내주신 學費封套를 받어

大學 노-트를 끼고
늙은敎授의 講義 들으려간다.

생각해보면 어린 때 동무를
하나, 둘, 죄다 잃어버리고

나는 무얼 바라
나는 다만, 홀로 沈澱하는 것일가?

人生은 살기어렵다는데
詩가 이렇게 쉽게 씨워지는 것은
부끄러운 일이다.

등불을 밝혀 어둠을 조곰 내몰고,
時代처럼 올 아츰을 기다리는 最後의 나,

나는 나에게 적은 손을 내밀어
눈물과 慰安으로잡는 最初의 握手.

윤동주의 '남의 나라'와 '슬픈 천명'이라는 말을 통해 타국의 도시 도쿄에서 그가 겪었을 내면의 불안과 침전의 시간을 포착할 수 있다. 윤동주가 시어로 사용했던 '침전(沈澱)'이라는 말은 식민 권력·식민자의 언어 '동화(同化)'라는 말과 대치상태에 있다. 사람들 대부분이 '동화'를 위해 동원되는 시대에 윤동주는 그와 상반되는 '침전'을 말하였다. 그 침전은 잠재적 불령선인의 위험한 표정과 몸짓을 예시하는 것이기도 했다. 윤동주가 「간」("끝없이 沈澱하는 푸로메드어쓰")과 「쉽게 씌어진 시」("나는 다만, 홀로 沈澱하는 것일가?")에서 물질성 시어 '침전'이라는 말을 사용한 것은 그 자신 용해·무화·동화되지 않고 자신의 형체와 독자성을 고집스럽게 유지하면서 이질화되어 가라앉은 상태, 이질적 타자 내지 불온한 존재로 남기를 고집하는 태도를 드러낸 것이다(정우택, 2021).[2] 이는 반천황제를 표상하는 언어('비국민', '대역', '불령')의 조합을 통해 설명할 수 있는바, 그것은 적어도 비국민과 불령선인의 대역죄로 비화될 수 있는 위험한 삶을 표상하는 것이기도 했다.

윤동주의 "육첩방은 남의 나라"라는 표현은 예사롭지 않다. 당시 일본은 태평양전쟁의 개전(1941.12.8.)과 함께 더더욱 전쟁 소식을 전달하거나 전쟁 참여를 독려하거나 전쟁 동원을 압박하는 구호가 횡행했음을 상기한다면 윤동주의 '남의 나라'라는 표현은 분명 그의 불온한 사상을 드러내는 실마리가 될 수밖에 없었다.

제3차 조선교육령을 통해서는 교육의 3대 강령(국체명징, 내선일체, 인고단련)을 향해 함께 나아가자고 하면서도, 조선의 청년·학도를 그저 고분고분한 전쟁의 소모품 정도로만 취급하였기 때문에, 식민권력의 입장에서 볼 때 전쟁을 거부하거나 저항하는 조선

---

2 윤동주가 「간」(1941.11.29.: "끝없이 沈澱하는 푸로메드어쓰")과 「쉽게 씌어진 시」(1942.6.3.: "나는 다만, 홀로 沈澱하는 것일가?")에서 말한 시어 '침전'의 의미를 새기는 과정에서 송몽규의 시어 '침전'도 참고할 필요가 있다. 송몽규는 그의 시 「밤」(1938.8.16.)에서 "고요히 沈澱된 어둠/ 만지울 듯 무거웁고/ 밤은 바다보다도 깁구나/ 홀로 밤 헤아리는 이 맘은/ 險한 山길을 것고……"라고 하였다(『조선일보』 1938.9.12.). 그 침전은 한 청년의 개인적인 번뇌보다도 민족이 처한 역사적 상황을 반영한 것이라고 말할 수 있다(이수경, 2012).

의 청년·학도는 결코 용납할 수 없는 대상이었다. 그 비상시국에서 윤동주의 '남의 나라' 운운하는 시어의 채택은 위험천만한 시심의 노출일 수밖에 없었다. 정우택(2021)은 "육첩방은 남의 나라"라는 표현의 숨은 뜻은, '나'는 '우리'가 아니라는 선언이며, 그들이 강제하는 '우리'와 '아군'으로 동일화 될 수 없다 또는 동일화되지 않겠다는 의지의 표명이며, 지금 여기에서 일어나는 모든 것이 나의 사건이나 영역이 되지 않는다는 고백이며, 일본인들이 조선인을 '무코노히토'라고 부르며 배척하는 현실에서 나는 기꺼이 자발적으로 '남의 나라 사람', '저쪽 사람'이 되겠다는 선언이라고 해석하였다.

윤동주가 릿쿄대학을 그만둔 후인 1942년 9월의 시점에서 릿쿄대학 학원이사회는 정관 제1조 개정(1942.9.29.)을 통해 기독교주의에 입각한 인격 도야라는 본래의 문구를 삭제하고, 아예 황도를 실현하기 위한 교육을 실시한다는 규정을 개정·제시하였다(송우혜, 2004). 사립·기독교 학교의 이러한 노골적인 군국주의·제국주의 편향의 행보는 윤동주가 릿쿄대학에 정을 붙이고 다니기 어려운 이유이기도 했을 것이다.

윤동주가 1942년 1학기에 릿쿄대학에서 이수한 두 강좌는 <영문학연습>과 <동양철학사>였다. 특히 윤동주가 수강했던 <동양철학사>는 당시 릿쿄대학 정문에서 바로 보이는 건물 1층(1104호 교실)에서 수업이 이루어졌다. <동양철학사>의 강의 담당교수는 윤동주가 「쉽게 씌어진 시」에서 "땀내와 사랑내 포그니 품긴/ 보내주신 學費封套를 받어// 대학 노—트를 끼고/ 늙은教授의 講義 들으려간다"고 했던 그 '늙은 교수'였다. 릿쿄대학 학생 윤동주가 주목했던 '늙은 교수'는 타국의 도시 도쿄에서 그가 겪었을 내면의 불안과 침전의 시간 속에 그의 의식에 영향을 끼쳤을 인물이었다고 말할 수 있다.

참고로, 윤동주의 「병원」(1940.12.3.)에는 "나의 늙은 의사는 젊은이의 병을 모른다. 나한테는 병이 없다고 한다"는 말이 나온다. 시인의 병이 시대적·정신적인 것이며 의사도 고칠 수 없는 병이라는 것을 의미한다. 당시의 시대상, 그 병든 상태를 치유하는데 의사는 아무런 힘을 쓸 수가 없다(이남호, 2014). 윤동주의 시에서 주목할 만한 시어는 '늙은 의사'(「병원」)와 '늙은 교수'(「쉽게 씌어진 시」)이다. '늙은 의사'가 "의사의 부재 또는 치료기능을 상실한 의사의 모습"(임현순, 2009)을 일컫듯이 '늙은 교수'는 "교수의 부재 또는 교육기능을 상실한 교수의 모습"을 일컫는다고 하겠다. 야나기하라 야스코는 윤동주가 시에서 언급한 '늙은 교수'는 당시 릿쿄대학의 동양철학 강좌에 출강했던 우노 데츠토(宇野哲人, 당시 도쿄제국대학 명예교수)일 것이라고 추정했다. 야나기하라 야스코가 제시한 자료에 대해 우노 데츠토의 넷째아들 우노 요시카타(宇野義方, 전 릿쿄대학 문학부 교수)도 1942년 당시 68세의 아버지가 틀림없다고 말했다(송우혜, 2004). 우노 데츠토는 1972년 도쿄에 창립한 이퇴계연구회의 초대회장을 역임했다. 이퇴계연구회의 2대회장은 전쟁인문학의 관점에서 퇴계학을 연구했던 아베 요시오(阿部吉

雄)였고, 3대회장은 우노 데츠토의 큰아들 우노 세이이치(宇野精一)였다.

우노 데츠토의 <동양철학사> 강의라는 것은 『맹자』의 역성혁명론을 "우리 일본으로서는 절대 받아들일 수 없는 것"이었고, "황도에 순화된 유교로 교육칙어의 취지를 선양하고 받드는 일"이었고, 1918년 이래의 사상계의 혼돈·혼란으로 왕성해진 "자유주의, 개인주의, 민주주의, 사회주의 등과 같은 위험한 사상"을 넘어서는 것이었다. 우노 데츠토의 <시국에 대한 사문회의 사명>이라는 발표문은 공교롭게도 윤동주가 릿쿄대학에서 우노 데츠토의 <동양철학사> 강의를 들었던 시점인 1942년 5월 2일자의 춘계강연이 『사문』에 1942년 6월 1일자로 발표된 것이기도 하였다.

우노 데츠토의 아들 우노 세이이치는 1972년에 설립한 이퇴계연구회에 대해, 1940년에 도쿄의 우에노공원 안에 건립된 왕인박사의 송덕기념비를 새롭게 대신하는 형태로 이루어진 것임을 밝힌 바 있다. 그 속내를 들여다보면, 전시동원체제 하에서 퇴계 이황을 제2의 왕인으로 추켜세우면서 내선일체론과 도의철학을 표방하는 가운데 식민지 경영을 효율적으로 수행하기 위한 전략이 숨어있다고 말할 수 있다. 이는 해방 이후에도 계속되어 왕인과 퇴계를 대표로 내세워 동아시아의 연대의식, 선린우호, 세계평화 담론을 유포했던 것인데 이에 앞장선 대표적인 인물이 바로 우노 데츠토와 그의 아들 우노 세이이치였다.

우노 데츠토는 일본의 패전 당시 황도에 순화된 일본 유교의 정체성을 내세워 천황전범론을 차단하는 전략이기도 했던 일억 총반성·총참회론을 통한 도의의 쇄신을 언급하였다. 도의의 의미가 사전적·보편적 의미를 이탈한 채 사용되고 있음을 확인할 수 있다. 이는 그의 아들 우노 세이이치의 세계관을 통해서도 어김없이 만날 수 있다. 우노 세이이치는 2005년 시점에서 극우적 태도를 노골적으로 드러냈던 인물이라는 점에서 씁쓸함을 금할 수 없다. 우노 세이이치는 "평화헌법을 되새겨야 한다"는 정상적인 의견을 가져본 적이 없으며 그저 "일본에는 전범이 없다"거나 "도쿄전범재판 그 자체가 국제법상 위법이고 무효이다"는 극우 발언을 노골적으로 쏟아냈던 인물이다. 이를 두고 세계관과 의식의 부전자전이라고 말한다면 거칠고 성급한 단정일까. 그들 각자의 정신세계를 확인하고 연결선을 이어보더라도 부전자전에 부합하는 형식, 철학·사상·세계관의 대물림이라는 성격을 포착할 수 있다. 윤동주의 릿쿄대학 시절을 논하다 보면, 이처럼 우노 데츠토와 그의 큰 아들 우노 세이이치에 대한 얘기로 이어지며, 이들이 이퇴계연구회와 연결되는 행보를 보였다는 사실과 극우 발언을 노골적으로 드러냈다는 사실은 인물과 사상에 대한 정확한 이해가 얼마나 어려운 일인지를 잘 보여준다.

3. 「봄」의 느닷없는 화사와 명랑, 그리고 박춘혜

윤동주는 「흰 그림자」(1942.4.14.)에서 "황혼이 짙어지는 길모금에서/ 하루 종일 시든 귀를 가만히 기울이면/ 땅거미 옮겨지는 발자취 소리,// 발자취 소리를 들을 수 있도록/ 나는 총명했던가요"라고 말하였다. 황혼은 낮과 밤 혹은 삶과 죽음의 경계를 상징하는 시간을 일컬으며, 이는 불안한 운명 속에서도 행복했던 과거와 그렇지 못한 현실 사이에 놓인 자신을 뒤돌아보는 실존적 상황을 일컫는 것이기도 했다(유성호, 2017). 「흰 그림자」는 윤동주가 일본에 유학을 하면서 맨 처음 지은 시, 릿쿄대학에 입학한 지 12일 만에 지은 시라는 점에서 특별함이 있다. 바로 그 시에서 윤동주는 "오래 마음 깊은 속에/ 괴로워하던 수많은 나"에 대해 얘기하였다. 그것은 성공을 위한 압박과 욕망과 아집, 유학에 대한 기대와 실망, 가족의 기대를 짊어진 나와 시를 쓰는 나의 잡거하는 지점을 표상한 것이자(정우택, 2021), 기존의 자아와 결별하고 새로운 주체로서의 삶을 모색한 것이라고 말할 수 있다. 1942년 당시 일본은 죽음을 선전·선동·홍보하는 전시체제의 언어, 이성의 작용을 포기한 환호와 만세와 흥분으로 과열된 언어, 오직 자신의 이념과 욕망을 발화하는 것이 목적인 언어들로 가득 차 있었다(정우택, 2021).

윤동주는 릿쿄대학에 입학했지만 릿쿄대학 본래의 교시이기도 했던 자유를 누리기는커녕 제국주의·군국주의의 선봉을 자처했던 대학의 횡포 앞에 머리를 짧게 깎고 군인처럼 지내야 했다.

그 자유의 표방 이면에 작동하는 기만과 폭력의 장치를 생각해볼 때, 그나마 윤동주가 누렸던 자유와 낭만은 서울의 신촌역, 그 작은 정거장에 서있던 순간이었는지도 모른다(김응교, 2022). 윤동주는 그 내면을 「사랑스런 추억」(1942.5.13.)을 통해 표상하였다.

「사랑스런追憶」

봄이오든 아츰, 서울 어느쪼그만 停車場에서
希望과 사랑처럼 汽車를 기다려,

나는 푸라트·폼에 간신한 그림자를 터러트리고,
담배를 피웠다.

내 그림자는 담배연기 그림자를 날리고,
비둘기 한떼가 부끄러울 것도 없이
나래속을 속, 속, 햇빛에 빛워, 날었다.

汽車는 아무 새로운 소식도 없이
나를 멀리 실어다 주어,

봄은 다가고——東京郊外 어느 조용한 下宿房
에서, 옛거리에 남은 나를 希望과 사람처럼

그리워한다.

오늘도 汽車는 몇번이나 無意味하게 지나가고,

오늘도 나는 누구를 기다려 停車場 가차운
언덕에서 서성거릴게다.

——아아 젊음은 오래 거기 남어있거라.

「사랑스런 추억」에서 윤동주는 “오늘도 汽車는 몇번이나 無意味하게 지나가고,/ 오늘도 나는 누구를 기다려 停車場 가차운/ 언덕에서 서성거릴게다”라는 말에 이어 “——아아 젊음은 오래 거기 남어있거라”라고 하였다. 야나기하라 야스코는, 윤동주가 「사랑스런 추억」에서 “오늘도 나는 누구를 기다려 停車場 가차운/ 언덕에서 서성거릴게다”라고 말한 장소를 도쿄의 다카다노바바(高田馬場) 역으로 비정한 바 있다(楊原泰子, 2010).

윤동주의 「사랑스런 추억」에 대한 독해 과정에서는 서울의 신촌역과 도쿄의 다카다노바바역, 그리고 서울의 연희전문학교와 도쿄의 릿쿄대학의 대비 구도를 설정해볼 수 있다. 서울에 있을 때는 “봄이오든 아츰”(1연)이었는데, 도쿄에 와보니 “봄은 다가고——東京郊外 어느 조용한 下宿房에서,/ 옛거리에 남은 나를 希望과 사랑처럼/ 그리워한다”(5연)는 암시적 표현에 이어 제시되는

"아아 젊음은 오래 거기 남어있거라"라는 표현은 시 전체에 비극적인 낙관주의 혹은 잔혹한 낙관주의가 흐르고 있음을 보여준다고 하겠다(김응교, 2022).

윤동주가 도쿄의 릿쿄대학을 다니던 때의 심정을 담은 「사랑스런 추억」(1942.5.13.)은 서울의 연희전문학교에 다니던 때의 심정을 담은 「새로운 길」(1938.5.10.)과 묘한 대비를 이룬다. 윤동주는 「새로운 길」에서 "내를 건너서 숲으로/ 고개를 넘어서 마을로// 어제도 가고 오늘도 갈/ 나의길 새로운길// 문들레가 피고 까치가 날고/ 아가씨가 지나고 바람이 일고// 나의길은 언제나 새로운길/ 오늘도……내일도……// 내를 건너서 숲으로/ 고개를 넘어서 마을로"라고 하였다. 위의 시는 윤동주가 연희전문학교 입학과 동시에 입사한 기숙사[지금의 연세대학교 핀슨홀 3층 다락방]에 머물면서, 연희전문학교에 시험을 보러 서울에 처음 왔을 때 냉천동 감리교신학교 기숙사에서 아현동 고개를 넘고, 신촌 개울을 건너, 백양로 논길을 따라 연희전문학교에 이르던 길을 표상한 것이다(김재진, 2007). 반면 「사랑스런 추억」(1942.5.13.)은 도쿄의 언저리에 머물고 있는 그의 몸이 '헛것'에 불과한 것임을, 그의 마음은 4년 전의 연희전문학교 신입생 시절로 달려가 있음을 생생하게 보여준다. 허황한 마음의 윤동주, 서울의 옛 거리를 그리워하는 윤동주에게 도쿄라는 공간은 그의 몸, 그의 헛것이 머무는 장소에 불과한 것이었는지도 모른다.

윤동주의 릿쿄대학 시절의 시를 4월~5월의 작품과 6월의 작품으로 나누어보는 것도 의미 있겠지만, 6월의 후기작품에서 「봄」이 갖는 시적 특별성에 주목하는 것도 의미 있는 작업일듯하다. 윤동주가 릿쿄대학 원고지에 마지막으로 남긴 시 「봄」은 다음과 같다.

「봄」

봄이 血管속에 시내처럼 흘러
돌, 돌, 시내가차운 언덕에
개나리, 진달레, 노—란 배추꽃,

三冬을 참어온 나는
풀포기처럼 피어난다.

즐거운 종달새야
어느 이랑에서나 즐거웁게 솟처라.

푸르른 하늘은
아른, 아른, 높기도 한데……

「봄」(1942.6.)은 긍정적인 미래에 대한 의지를 드러낸 것이라고만 말하기에는 파격적이라 할 만큼 즐거운 분위기 가득한 시라고 볼 수 있다. 「봄」의 느닷없는 화사와 명랑, 그것은 그 짧은 기간 도쿄에서 만난 여인과 연관이 있다는 지적에도 유의할 일이다. 송우혜(2004)는 윤동주가 릿쿄대학을 다니는 동안 도쿄에서 만나 결혼까지 생각했던 여성(박춘혜: 함북 온성의 박목사의 막내딸, 성악전공)에 주목하였다. 하지만 그 둘의 만남은 봄에서 여름으로 이어졌을 뿐, 가을로 이어지지는 못했다.

2007년 호주 시드니에서 열린 윤동주 90세 기념 생일잔치에서 윤동주의 여동생 윤혜원과 매제 오형범이 윤동주와 박춘혜에 대한 옛 이야기를 밝힌 바 있다. 다음은 윤여문이 윤혜원-오형범 부부와 나눈 일문일답이다(윤여문, 2007).

> 윤여문: (윤동주 시인은) 어떤 스타일의 여성과 결혼했을까요?
>
> 윤혜원: 오빠는 여자 친구조차 가져보지 못하고 타계했어요. 다만 일본 유학 중에 만난 박춘애(박춘혜의 오기. 이하 동일: 저자 주)라는 이름의 여학생 사진을 가져와서 할아버지께 보여드린 적이 있습니다. 할아버지께서 좋다고 하셨기 때문에 그 여성과 결혼했을 가능성이 높습니다. 대학교 전공을 선택할 때 말고는 어른들의 뜻을 거스른 적이 없거든요.
>
> 오형범: 우리가 해방 이후에, 그러니까 윤동주 시인 사후에 박춘애를 만난 적이 있습니다. 옌볜에서 남쪽으로 내려오던 중에 청진에서 잠시 머문 적이 있는데 그때 성가대에 서

있는 박춘애를 보았고, 나중에 함께 식사도 했습니다. 그런데 나중에 알아보니 윤동주 시인이 마음속으로만 좋아했을 뿐 프러포즈도 못 했답니다.

윤혜원-오형범 부부의 증언에 의하면, 윤동주는 릿쿄대학 재학 중에 만난 박춘혜의 사진을 할아버지에게 보여드리면서 결혼까지 생각했던 것을 알 수 있다. 해방 이후, 1947년 시점에서 윤혜원-오형범 부부가 옌벤을 떠나 청진에 머물던 중에 교회 성가대에서 봉사활동하는 박춘혜를 만나는 특별한 일이 있었다. 그때 만난 박춘혜는 윤동주가 자신에게 프러포즈도 못했다지만, 그의 수줍음을 많이 타는 성격상 그러고도 남았을 것이다. 윤혜원의 증언을 중심으로 구성된 윤동주-박춘혜 관련 후일담을 제시하면 다음과 같다.

매(妹)씨가 되는 윤혜원 여사의 회고에……동주가 체포되기 1년 전인 1942년 마지막 여름방학을 맞아 어머니의 간병을 위해 용정 집에 돌아오게 되었다. 그때 세 사람이 함께 찍은 사진 한 장을 가지고 왔는데 동생(혜원)에게 사진 속의 단발을 한 여학생을 가리키며 "네 보기에 어떠냐?"고 물었다. 사진을 보던 혜원이 눈을 크게 뜨고 아주 멋쟁이 미인이라고 추켜세우자 비로소 사진을 아버지 앞에 내놓으며 무엇인가 깊이 의논하는 것이었다. 이 세 사람 중 앞에 앉은 여학생이 바로 박춘혜(朴春惠)로 두만강 저편의 북조선 온성(溫城)에서 목회 일을 하고 있는 목사의 딸이었다. 나머지 두 사람은 동주의 친구인 김윤립과 춘혜의 오빠였다. 당시 박춘혜는 동경의 한 음악대학에서 성악을 전공하고 있었는데 역시 대학을 다니고 있던 오빠와 함께 자취를 하고 있었다. 이 오빠가 바로 윤동주의 절친한 친구로, 동주는 수시로 그의 자취집을 찾아가 차도 마시고 더러는 춘혜가 정성껏 준비한 저녁상을 함께 하기도 하였다. ……이후 방학을 마치고 도일한 (오빠로부터) 엽서 한 장이 왔다. 내용인즉 지난 방학 중 춘혜가 온성 고향에서 약혼을 하고 왔다 하니 그 일은 없었던 것으로 해달라는 것이었다.…… 어느덧 세월이 흘러 동주 사망 3년째가 되는 1947년에 윤혜원과 그의 부군 오형범이 함경북도 청진 신암교회[이는 함경북도 청진시 신암동에 위치했던 청진중앙교회를 일컫는 것으로 보인다.: 저자 주]에 들렀을 때였다. 그날은 마침 성탄축하 예배여서 성도들이 예배당을 가득 메웠다. 순서에 따라 독창이 있었는데 독창을 하는 성악가가 뜻밖에도 박춘혜였다. 출연자 소개 때 박춘혜라는 이름에 귀가 번뜩했는데 자세히 보니 사진 속의 모습과 같았다. 예배를 마치고 나오는 박춘혜 앞으로 다가간 윤혜원이 혹 윤동주를 아느냐고 묻자 박춘혜는 놀라운 표정으로 "어떻게 윤동주 선생을 아시나요?"라고 되물었다. "동주가 바로 저의 오빠입니다."라고 대답하자 춘혜는 눈을 크게 뜨며 일견 반기면서도 적이 놀라워하는 모습이었다. 박춘혜는 그때 청진에 있는 어느 검사의 아내가 되어 임신 중이었으며 신암교회 성가대에서 열심히 봉사하고 있었다. 한편 옛날 사진 속의 한 사람이었던 오빠의 친구 김윤립은 일본 유학에서 돌아와 두만강 남쪽에 있는 아우지 고등학교에서 국문을 가르치고 있었는데 동주가 일경에 체포되기 직전 보내온 엽서 이야기를 들려주었다. 그 엽서에는 시 한편이 적혀 있었는데 그 시가 마지막 절필이 될 줄은 몰랐다고 못내 아쉬워했다. 이후 6·25전쟁이 일어나고 남북 분단으로 김윤립의 생사를 모름과 동시, 엽서 속의 마지막 작품도 오리무중이 되고 말았다.(허소라, 2005)

당시 김윤립에 의하면, 윤동주가 특고에 체포되기 직전 김윤립에게 엽서를 보냈는데, 그 엽서에는 시 한편이 적혀있었다고 한다. 그렇다면 그 시는, 윤동주가 릿쿄대학 시절 1942년 4월~6월 사이에 지은 다섯 편의 시 이후의 시편을 확보하지 못한 현실에서, 도시샤대학 재학 중에 지은 여러 시 중의 한편일 수도 있었을 것이나, 당시 윤혜원-오형범 부부는 윤동주의 시가 적혀있었다는 그 엽서를 김윤립으로부터 확보하지는 못했다.

윤동주는 박춘혜에게 프러포즈를 못했다지만, 그가 박춘혜를 결혼상대로 여겼다는 것은 엄연한 사실이다. 하지만 박춘혜의 갑

작스런 결혼으로 윤동주-박춘혜의 인연은 거기서 멈추고 말았다. 송희복(2018)의 지적처럼, 박춘혜가 윤동주의 친구인 김윤립과 결혼했다거나(박춘혜-김윤립 결혼설), 윤동주가 특고에 체포되기 직전 박춘혜-김윤립 부부에게 엽서에 시를 적어 보낼 정도로 참으로 순수한 우정을 나눈 사이였다는 얘기(윤동주-박춘혜 우정설)는 조각 정보를 다루는 과정에서 발생한 굴절현상이라고 보아야 할 것이다.

제6장

도시샤대학 시절의 윤동주

1. 정지용과 윤동주가 유학했던 대학, 도시샤

도시샤대학 이마데가와캠퍼스는 본래 중세 일본의 무로마치막부가 설치된 곳이기도 하다. 도시샤대학에서 길 하나를 사이에 둔 가까운 곳에 소위 천황의 거처가 있었고, 담장 너머로는 조선통신사가 머물기도 했던 임제종의 쇼코쿠지(相國寺)가 있다. 도시샤대학 이마데가와캠퍼스 자리는 일본근대사 장면에서 도사번(土佐藩, 현재의 고치현)의 사카모토 료마(坂本龍馬, 1836~1867)의 주선으로 사츠마번(薩摩藩, 현재의 가고시마현)의 사이고 다카모리(西鄉隆盛, 1828~1877)와 조슈번(長州藩, 현재의 야마구치현)의 기도 다카요시(木戶孝允, 1833~1877)가 만나 삿초동맹(1866.3.7.)을 맺은 회담장이기도 했다. 장차 아이즈번(会津藩, 현재의 후쿠시마현)을 공격·공략하게 될 메이지정부군[삿초군]은 그렇게 탄생하였다.

1875년 니지마 조(新島襄, 1843~1890)가 미국 선교사의 도움을 받아 설립한 사립·기독교 학교 도시샤대학은 "진리가 너희를 자유케 하리라(VERITAS LIBERABIT VOS)"를 교시로 삼았다. 구마모토양학교(熊本洋學校) 생도들로 결성된 구마모토밴드 소속의 개신

교도이기도 했던 에비나 단조(海老名弾正, 1856~1937), 도쿠토미 소호(德富蘇峰, 1863~1957), 도쿠토미 로카(德冨蘆花, 1868~1927) 등이 모두 도시샤대학(당시 同志社英学校)에서 공부했던 인물들이다. 도시샤대학의 설립자 니지마 조의 아내는 아이즈번 출신 종군간호사이자 여성교육자로 알려진 니지마 야에(新島八重, 1845~1932)이다. 2013년 NHK 대하드라마 <야에의 벚꽃>(八重の桜)은 1868~69년의 보신전쟁(戊辰戦争)에서 도호쿠번연합체(奥羽越列藩同盟)의 아이즈번(会津藩, 현재의 후쿠시마현)이 메이지정부군[삿초군]과 맞설 때 니지마 야에가 와카마츠성 전투에서 여전사로 활약했던 모습을 전면에 배치하였다. 이는 2011년 동일본대지진과 대규모 원전 사고로 고통을 겪는 후쿠시마현 주민들의 자존심을 세워주면서 역사적 화해를 시도하려는 정치적 계산이 깔린 것이다.

1942년 7월, 윤동주는 릿쿄대학 첫 학기를 마치고 여름방학을 맞아 고향 용정에 돌아와 보름 정도를 머물렀다. 그 때, 릿쿄대학을 계속 다닐 뜻이 별로 없었던 윤동주는 센다이(仙臺)의 도호쿠제국대학(東北帝國大學)에 다니던 친구로부터 그 대학에 편입시험을 보러 오라는 전보를 받자마자 급히 일본으로 향했다고 한다(송우혜, 2004). 하지만 윤동주가 막상 옮긴 대학은 센다이의 도호쿠제국대학이 아니라 교토의 도시샤대학이었다. 송우혜(2004)는 윤동주가 도시샤대학에 들어간 후에 처음 맞는 겨울방학에 고향에 다니러 가지 않고 그대로 교토에 머물렀던 것은, 도호쿠제국대학 편입시험 실패를 크게 질책했던 아버지를 뵙기가 불편한 일이기도 했고, 여름방학 때에 어른들에게 넌지시 꺼냈던 박춘혜와의 결혼 이야기가 물거품이 되었기 때문이라고 보았다.

1942년 10월 1일, 윤동주는 릿쿄대학 1학년 1학기만 마치고, 교토의 도시샤대학 문학부 영어영문학과에 전학·편입하였다. 도시샤대학은 정지용과 윤동주가 유학했던 대학으로 유명하며, 이마데가와캠퍼스에는 두 시인의 시비가 세워져 있다. 도시샤대학은 기독교주의, 자유주의, 국제주의를 통한 교육을 이념으로 삼는 대학이었다.

윤동주가 존경했던 정지용은 휘문고등보통학교 교비 장학생으로 1923년부터 1929년까지 도시샤대학 문학부 영어영문학과에서 공부하였다. 훗날 연희전문학교에서 윤동주를 가르쳤던 최현배도 1922년부터 1928년까지 교토제국대학 문학부 철학과에서 교육학을 전공했던 것을 보면 정지용과 최현배는 거의 같은 시기에 교토에서 유학했음을 알 수 있다. 윤동주는 신사참배 문제로 위기에 처한 숭실중학교를 그만둘 결심을 했던 1936년 3월 19일에 평양에서 『정지용시집』을 구입하였다. 『정지용시집』이 1935년 10월 27일에 출간된 것을 감안한다면 윤동주의 정지용에 대한 관심이 특별했음을 알 수 있다. 윤동주가 도시샤대학을 편입 대상으로 삼은 배경과 심리에는 정지용이라는 요소도 어느 정도 작용했던 것으로 보인다.

정지용은 도시샤대학 문학부 영어영문학과 재학 중에 「압천」, 「향수」, 「카뻬·뜨란스」 등의 시를 지었다. 2005년 12월 18일 도시샤대학 교정에서 열린 정지용 시비 제막식에서 핫타 에이지(八田英二) 학장[당시 학교법인 도시샤 총장은 오오야 미노루(大谷實)]은, 정지용이 기독교주의, 자유주의, 국제주의를 교육의 중심이념으로 삼은 도시샤대학의 학풍을 배경으로 야나기 무네요시(柳宗悅, 1889~1961)의 영문학 강의를 수강했고, 기타하라 하쿠슈(北原白秋, 1885~1942)의 작품세계를 공부했음을 지적하였다(연합뉴스, 2006.1.3.).

정지용이 영문학 강의를 수강했다는 야나기 무네요시는 조선사람보다 더 조선을 사랑했다는 수식이 붙어 다닐 정도로 잘 알려진 인물이다. 야나기 무네요시에 대한 정밀 독해에 의하면, 그의 미학론은 일제 식민지 문화정책의 궤도를 이탈한 적이 없으며, 당연한 결과로 그의 미학론은 조선·조선인의 수동성과 소극성을 건축 소재로 삼은 것이었다. 야나기 무네요시가 "조선을 사랑한 일본인"인지, "양의 탈을 쓴 일본 제국주의의 숨겨진 조력자"인지는 여전히 논란거리다(서울신문, 2013.1.11.). 야나기 무네요시는 조선에 애정을 갖고 있었을지는 모르겠으나 애정을 제대로 활용할 사상이 없었고, 조선의 식민지 지배를 정당화했던 어쩔 수 없는 일본인이었다(서울신문, 2013.1.11.).

일본에 유학한 후 1926년 4월에 정지용은 기타하라 하쿠슈가 주재하는 잡지 『근대풍경』에 시 「카페·프란스」를 발표하였다. 정지용은 데뷔작 「카페·프란스」에서 "나는 子爵의 아들도 아모것도 아니란다./ 남달리 손이 히여서 슬프구나!// 나는 나라도 집도 없단다/ 大理石 테이블에 닷는 내뺌이 슬프구나!// 오오, 異國種 강아지야/ 내발을 빨어다오./ 내발을 빨어다오"라고 하였다. 충북 옥천의 가난한 농가 출신의 정지용은 학업을 마친 후 모교 영어 교사로 근무한다는 조건으로, 휘문고등보통학교 교비 장학금을 받고 도시샤대학 영어영문학과에 유학 중이었다(정종현, 2021). 「윌리암 블레이크 시의 상상력」이란 제목의 논문을 쓰고 도시샤대학 영문과를 졸업한 정지용은 1929년 9월에 귀국해 모교인 휘문고보의 영어 교사로 부임하였다. 그런데 휘문고보는 친일파 '자작'이자 조선귀족회 부회장 민영휘의 소유라는 사실을 감안한다면, 정지용의 "나는 자작의 아들도 아무것도 아니란다"라는 시구는 친일 귀족의 알량한 장학금으로 유학하는 자신에 대한 자조와 더불어, 조선 귀족의 호의호식과 대를 이은 부귀영화에 대한 강한 반감과 울분이 배어있음을 알 수 있다(정종현, 2021).

2. 교시 "진리가 너희를 자유케 하리라", 그러나 자유 없는 윤동주

도쿄에서 4개월 동안 '나는 다만, 홀로 침전하는' 존재였던 윤동주는 교토로 와서 이제 '어린 때 동무' 중의 한명이자 '동갑내기 사촌형'이기도 했던 송몽규와 함께할 수 있었다. 하지만 치안유지법(1925.4.22.)을 개정한 신치안유지법(1941.3.10.)이 적용되고 언론출판집회결사에 관한 임시단속법(1941.12.19.)이 강화되던 시기에, 그것도 낙양군관학교에 입학하면서부터 요주의인물로 찍혔던 송몽규와 가까이 함께 어울리는 일은 그야말로 윤동주가 특별고등경찰의 감시망 속으로 걸어 들어간 것이나 다름없는 것이기도 했다(송우혜, 2004).

도시샤대학은 양심 교육을 건학정신으로 삼으면서 기독교주의, 자유주의, 국제주의를 교육이념으로 내걸었다. 설립자 니지마 조는 일본의 교육은 지육(智育)에 비해 심육(心育)=마음교육(こころの教育)이 소홀하다고 보았다. 니지마 조는, 종교 교육에 의해 '양심'을 길러 비로소 '사람'이 된다고 보았으며, 응당 도시샤대학에서 '정신없는 전문가'나 '양심 없는 인재'를 길러낼 생각은 추호도 없었다. 니지마 조는 한 학생에게 보낸 편지(1889.11.23.)에서 "양심이 전신에 충만한 청년이 되라(良心之全身ニ充満シタル丈夫ノ起リ来ラン事ヲ)"고 주문하였고, 이 문구는 1940년 11월 도시샤대학 유슈칸(有終館) 앞 가운데뜰에 건립한 양심비에 새겨졌다(http://www.doshisha.ed.jp/history/1900.html/).[1]

1 1940년 11월 도시샤대학 유슈칸(有終館) 앞 가운데뜰에 건립한 양심비는 니지마 조의 양심교육의 정신을 새긴 것인데, 이를 그저 설립 당시의 정신을 다짐하는 통과의례라고 본다면 정확한 이해라고 말할 수 없다. 도시샤대학은 1930년대 후반 이래, 군국일본의 지배적인 사상조류였던 전쟁찬미-천황숭배 사조에 타협·협조적인 태도를 취했던바, 그로 인한 양심의 가책으로부터 벗어나고자 하는 집단심리가 반영된 것이 1940년의

도시샤대학은 1930년대 후반들어 군국일본의 전쟁찬미, 천황숭배 사조에 타협·협조적인 태도를 적극 취하였다. 윤동주가 다니던 당시의 도시샤대학은 외국인 교원의 추방은 물론 매월과 같이 전체 학생의 신사참배와 전쟁찬미 행사가 실시되었다(仲尾宏, 2009). 윤동주가 도시샤대학 2학년에 다닐 때인 1943년에는 전황이 더욱 악화되었고, 양심교육을 구호로 내건 도시샤대학의 교육 실제는 전쟁 언어로 도배되었다. 단적인 사례로, 1943년 3월 11일, 도시샤대학에서는 교토학파 철학자 고사카 마사아키(高坂正顯)의 <미영격멸사상전> 강연회가 개최되었다(仲尾宏, 2009). 고사카 마사아키를 비롯한 교토학파 철학자들은 개인의 작은 생명은 대일본제국이라는 거대한 생명을 위해 기꺼이 목숨을 바칠 수 있어야 한다는 전쟁과 죽음의 미학을 유포하는 데 앞장섰다. 당시 도시샤대학 2학년생 윤동주도 고사카 마사아키의 미영격멸사상전 강연을 들었을 것이다. 전쟁과 죽음의 미학이 횡행하던 그 당시 윤동주의 대학생활은 대학 본연의 정신이 작동될 수 없는 시간의 연속이었다.

1942년 10월 1일, 윤동주가 도시샤대학 1학년 2학기에 편입한 이래 1943년 7월 14일, 도시샤대학 2학년 1학기를 마칠 무렵 교토

양심비였다고 볼 수 있다. 이는 대학의 설립 정신이 굴절되고 있는 현실 앞에서 설립 이래의 건학정신을 부정하지 않는다는 다짐을 내외에 알리는 방편적 성격을 갖는 것이었다(仲尾宏, 2009).

의 특고경찰에 체포·구금되기까지, 그리고 1944년 3월 31일 재판을 받고 후쿠오카형무소에서 수감생활을 하다가 1945년 2월 16일, 의문의 죽음으로 세상을 떠나기까지의 시간흐름 속에서 당시 소위 각국을 대표하는 문학자들은 윤동주의 세계관과는 딴판의 행보를 보였다. 1943년 3월 11일, 도시샤대학에서 개최된 <미영격멸사상전> 강연을 전후한 시기에 주목할만한 대회가 있었다. 제1회(1942년 11월), 제2회(1943년 8월), 제3회(1944년 11월)에 걸쳐 열린 대동아문학자대회는 일본 제국주의가 문학의 이름을 도용하여 가장 깊숙하고 섬세한 부분에서 아시아인의 마음을 사로잡으려는 문학자들의 시국행사였다(정창석, 1998). 대동아문학자대회는 그 어용성으로 인해 문학의 자유분방한 창의적 상상력은 사라지고 각본에 따라 꼭두각시의 어설픈 해프닝을 남발한 것이었다(정창석, 1998). 대동아문학자대회에 식민지 조선의 대표로 참석했던 이광수, 유진오, 박영희, 최재서, 유치진, 김용제, 김팔봉 등은 문학의 이름을 도용하여 살아가는 자들이자 꼭두각시의 어설픈 해프닝을 남발하는 자들로 분류 평가될 수 있을 것인바, 이들은 문학 본연의 세계를 정직하게 가꾸어갔던 윤동주를 배신과 충격에 빠트린 존재들이었다.[2]

---

2 제1회 대동아문학자대회는 1942년 11월 3일부터 10일까지 도쿄와 오사카에서 열렸다. 의제는 「대동아정신의 수립과 그 강화 보급」, 「문학자에 의한 민족 및 국가간 사상과 문화의 융합 방책」, 「문학의 대동아전쟁 완수 협력 방안」 등이었다. 당시 식민지 조선의 대표로는 이광수, 유진오,

도시샤대학의 <윤동주시비건립취지서>(1995)에는 양심이 전신에 충만한 삶을 살 것을 주문했던 설립자 니지마 조에 대한 얘기에 이어 별을 노래하는 마음으로 양심이 명하는 바에 따른 삶을 살았다는 윤동주에 대한 얘기가 등장한다. 정재정의 안내에 따라 도시샤대학과 윤동주의 역학, 그 해석 양상을 들여다보기로 한다.

> 윤동주는 1943년 7월 14일 교토에서 사상탄압 전문 특별고등경찰 형사에게 체포당해 시모가모(下鴨) 경찰서 유치장에 감금되었다. 독립운동을 했다는 죄목이었다. 송몽규가 중심이고, 윤동주와 고희욱은 동조자였다.……검사국으로 넘겨진 사람은 송몽규, 윤동주, 고희욱이고, 기소되어 실형을 언도 받아 복역한 사람은 송몽규와 윤동주뿐이었다.……도시샤대의 학사처리는 엉성하고 느슨했다. 한국이

박영희 등이 참석하였다. 제2회 대동아문학자대회는 1943년 8월 25일부터 3일간 일본의 도쿄에서 열렸다. 의제는 「결전정신의 앙양」, 「미·영문화의 격멸」, 「공영권문화 확립, 그 이념과 실천방법」 등이었다. 당시 식민지 조선의 대표로는 유진오, 최재서, 유치진, 김용제 등이 참석하였다. 제3회 대동아문학자대회는 개최권이 중국으로 넘어가 1944년 11월 12일부터 3일간 남경에서 열렸다. 의제는 「문학과 전쟁의 관계에 있어서 문학의 선전성과 그 방법론」, 「동아 고유문화와 정신의 부활」, 「대동아공동선언의 제3항 실천을 위한 방법론」, 「대동아 제민족의 문화수준과 민족의식의 앙양」 등이었다. 당시 식민지 조선의 대표로는 이광수, 김팔봉 등이 참석하였다.(정창석, 1998)

해방되고 윤동주가 옥사한 지 3년도 훨씬 지난 1948년 12월 24일 교수회의는 장기결석과 학비미납으로 그를 제명했다. 그렇지만 도시샤대는 그의 사후 50년 만에 캠퍼스의 가장 좋은 곳에 그의 「서시」를 새긴 시비를 세웠다. 수위가 시비를 찾는 방문객에게 나눠주는 <윤동주시비건립취지서>에 이런 구절이 있다.: "전쟁과 침략이라고 하는, 입에 담기조차 무서운 말이, 성전(聖戰) 혹은 협화(協和)라는 이름으로 미화되어, 헤아릴 수 없을 만큼 많은 무고한 사람들을 죽음으로 내몰았고, 빛나는 미래를 꿈꾸고 있던 수많은 청년들의 귀중한 생명을 앗아 갔습니다. "하늘을 우러러 한 점 부끄럼 없기를" 하고 읊었던 시인 윤동주도 그 가운데 한 사람이었습니다. 시인이 배웠던 도시샤의 설립자 니지마 조(新島襄)는 "양심이 전신에 충만한 대장부들이 궐기할" 것을 말했습니다만, 시인의 생전 모습이 바로 그러했습니다. "별을 노래하는 마음으로, 모든 죽어 가는 것을 사랑해야지"라고 되뇌며, 양심이 명하는 바에 따라 그는 살았습니다. 그 치열한 삶의 모습을 우리는 흉내조차 낼 수 없습니다만, 그럼에도 불구하고 잘못을 부끄러워하는 것이 아니라, "같은 잘못을 반복하는 어리석음을 저지르지 않는, 혹은 저지르지 않게 하기" 위해서도, 시인의 말을 가슴에 새기고 싶은 것입니다."(정재정, 2018)

고오리 사다야(郡定也)는 도쿄와 교토의 학풍을 비교하면서, 교토는 정치·산업보다는 문화·학예를 중심으로 하는 도시이기 때문에 도쿄보다는 자유주의 학풍이 강한 도시라는 점을 말하고, 그 연장선에서 도시샤대학과 교토제국대학은 자유주의적 학문 전통을 지닌다는 점을 지적하였다(同志社大學人文科學硏究所編, 1968). 자유주의적인 분위기가 강한 교토에서 도시샤대학을 다녔던 윤동주, 하지만 그 자유는 윤동주의 것이 아니었고 윤동주의 것이 될 수 없었다. 도쿄도 아닌 이곳 교토에서 윤동주의 공부의 꿈은 꺾이고 말았다. 만약 윤동주가 도쿄의 릿쿄대학을 계속 다녔거나 교토의 도시샤대학이 아닌 센다이의 도호쿠제국대학을 다닐 수 있었더라면 그에게 그러한 비극이 일어나지 않았을 가능성도 높았을 것이다.

1942년 12월 31일 밤 윤동주의 숙소에서는 윤동주-윤영춘 두 사람의 이야기가 오고갔다. 윤영춘은 그날 밤의 윤동주가 남긴 말을 다음과 같이 전했다.

> 프랑스 시를 좋아한다는 이야기와, 프랑시스 잠의 시는 구수해서 좋고 신경질적인 장 콕도의 시는 염증이 나다가도 그 날신날신한 맛이 도리어 매력을 갖게 해서 좋고, 나이두의 시는 조국애에 불타는 열성이 좋다고 하면서, 어떤 때는 흥에 겨워서 무릎을 치기도 했다.(윤영춘, 1976)

그때만 해도 윤동주에게 새로운 삶의 가능성은 열려있는 듯했다. 윤동주는 「별 헤는 밤」(1941.11.5.)에서 프랑시스 잠(Francis Jammes)과 라이너 마리아 릴케(Rainer Maria Rilke)를 언급했지만, 위의 대화에서는 장 콕도(Jean Cocteau), 사로지니 나이두(Sarojini Naidu)를 추가적으로 제시한 것을 알 수 있다. 이들은 윤동주가 1940년 1월 31일 겨울방학에 용정에서 구입한 미요시 다츠지(三好達治)의 번역서 『밤의 노래』를 읽으면서 주목했던 시인들로 보인다. 미요시 다츠지는 1936년 프랑시스 잠의 『밤의 노래』와 보들레르의 『소산문시』에 대한 번역서를 남겼는데, 윤동주는 『밤의 노래』에 특히 관심을 갖고 독서한 것을 알 수 있다. 그것은 윤동주의 1936년 이래의 독서 공부의 연속성을 보여주는 것이었다. 하지만 그의 공부는 계속되지 못하였고 그의 삶은 행복과 희망으로 이어지지 못하였다. 도시샤대학을 다니는 동안 특고의 시선은 윤동주를 향해 있었고, 그의 지도교수 또한 예사롭지 않은 태도를 보였으며, 그를 기다리는 다음 수순은 체포·구금, 형무소 수감, 의문의 죽음이었다. 윤동주가 흥에 겨워 무릎을 치기도 했다는 그 인상적인 장면은 어쩌면 우리들의 기억에 남는 그의 마지막 표정이거나 몸짓이었는지도 모른다. 도쿄의 릿쿄대학에서 교토의 도시샤대학으로 학교를 옮겨 10개월 가까이 공부하면서 새로운 삶을 도모했던 윤동주. 그러나 그에게 새로운 삶은 주어지지 않았다.

3. 윤동주의 동급생 모리타 하루와 기타지마 마리코, 그리고 지도교수 우에노 나오조

윤동주의 동급생 모리타 하루(森田ハル)와 기타지마 마리코(北島萬里子). 다고 기치로(多胡吉郎)는 1994년, 해방-종전 50주년(1995)을 앞두고 NHK 다큐멘터리를 제작하는 과정에서 윤동주가 도시샤대학에 다닐 때의 동급생을 수소문한끝에 모리타 하루와 기타지마 마리코를 찾을 수 있었다(多胡吉郎, 2017). 두 여학생의 앨범에서 윤동주의 소풍·야유회 사진을 찾아낸 것을 계기로 윤동주를 기리는 일에 뜻을 함께 하는 사람들이 모여 2017년 우지강과 시즈카와강이 만나는 지점에 <시인 윤동주: 기억과 화해의 비>라는 윤동주 시비를 세웠고 여기에는 리츠메이칸대학 국제평화박물관장을 지냈고 2011년 제4회 노근리평화상(인권부문)을 수상했던 안자이 이쿠로(安齋育郎)의 글씨가 새겨져있다. 기본적인 인권과 존엄을 유린당한 청년 윤동주를 기억하는 것이 이들에게는 평화와 화해에 이르는 출발점이라는 해석이지만, 굳이 윤동주를 내세워 평화와 화해의 길을 모색해야 하는 것인지, 그 방법이 비록 정당성을 갖는다 할지라도 일본이라는 국가권력이 사죄와 반성과 책임의 문제를 감당할 태세를 전혀 갖추지 않은 현실상황에서 유독 윤동주를 거명하여 대표성을 과잉 부여하는 그 방식이 과연 사랑, 평화, 인권, 화해, 용서를 다루는 온당한 방식인지에 대한 질문이 필요하다고 할 것이다.

<사진 4> 1943년 도시샤대학 영문학과 동급생들과 찍은 윤동주의 생애 마지막 사진

교토 우지강의 아마가세 구름다리 위에서 도시샤대학 영문학과 남학생 일곱 명과 여학생 두 명 총 아홉 명이 찍은 이 사진은 예사 사진과는 달리 윤동주가 사진의 주인공처럼 포커스가 맞춰져 있다. 윤동주의 옆에 있는 두 여학생이 모리타 하루와 기타지마 마리코이다. 이 사진은 윤동주의 마지막 소풍·야유회 장면을 담은 것이자 그가 마지막으로 도시샤대 동급생들 앞에서 불렀다는 아리랑 노래의 여운이 남아있는 사진이다. 사진 제공: 연세대학교 윤동주기념관.

윤동주의 동급생 모리타 하루와 기타지마 마리코의 희미한 기억을 통해 윤동주의 도시샤대학 시절에 있었던 몇몇 장면들을 재구성할 수 있다. 기타지마 마리코의 기억에 의하면, 1943년 5월~6월 중의 어느 날 윤동주는 동급생 친구들하고 교토 교외의 우지강 강변과 아마가세 구름다리에서 소풍·야유회를 갖게 되었다. 뵤도인에서 20여 분 걸어 닿는 곳 아마가세 현수교 밑은 윤동주 일행이 소풍·야유회 도중에 사진을 찍은 곳이기도 하다. 그 장면을 김응교는 다음과 같이 재구성하였다.

1943년 5월일까, 6월일까. 여름날 아침 그는 교토 남쪽에 있는 우지(宇治)강으로 도시샤대 친구들과 놀러 갔다.……우지교를 건너 20분쯤 걸어가면 아마가세(天ヶ瀨)댐 아래 통나무를 밧줄로 당겨 만든 구름다리, 일본어로 쓰리바시(吊り橋)가 있다. 이 다리에서 찍은 사진을 보면, 남학생 일곱 명과 여학생 두 명의 사진 속에 그는 마지막 사진일 줄 아는지 모르는지 담담한 표정으로 있다. 일본 친구들 앞에서 윤동주는 '아리랑'을 불렀다고 한다. 윤동주가 좋아하는 노래는 '희망의 나라로', 일본 동요 '이 길(この道)', '도라지' 등 많았다. 갓 사귄 일본인 친구들 앞에서 '산타루치아'나 '내 고향으로 날 보내주'를 부르면 멋졌을 텐데, 하필 '아리랑'을 불렀을까. 뻔한 애국 영화의 상투적인 마지막 장면 같지만, 그가 그날 거쳐 갔을 행선지를 생각하면 '아리랑'을 불렀던 이유를 짐작할 수 있다. 녹차로 유명한 우지시에는 일본 고전문학 '겐지 이야기' 유적지가 있고, 일본 돈 10엔 동전 뒷면에 그려진 불교사원 뵤도인(平等院)도 있다. 일본 정신과 문학의 고향이라 할 수 있는 곳이다. 우지역에서 아마가세 다리까지 오려면, 뵤도인을 거쳐 20여 분 걸어와야 한다. 일본이 자랑하는 곳을 지나치며 역설적으로 그는 자신을 낳은 탯줄을 노래하고 싶지 않았을까.……아마가세 현수교에서 사진을 찍었던 그는 한 달 후 7월 14일에 일본 경찰에게 체포됐다. 이 다리에서 댐 쪽으로 10여분 올라가

면 일본 시민단체 '시인 윤동주 기념비 건립위원회'가 세운 높이 약 2m, 폭 1.4m의 시비가 있다.(김응교, 2018)

윤동주와 동급생 친구들은 교토 교외의 우지강 강변과 아마가세 구름다리에서 소풍·야유회를 가진 얼마 후에는 한 학기를 마친 시점에서 당시 지도교수였던 우에노 나오조(上野直藏, 1900~1984) 교수[3]의 초대를 받았다고 한다. 초대라기보다는 소집의 성격이 강했다고 말할 수 있다. 다고 기치로가 확보한 기타지마 마리코의 기억에 의하면, 우에노 나오조 교수는 디귿자형태로 된 상에 둘러 앉아 학생들과 차를 마시면서 "시국의 상황이 악화일로다. 제군들은 항상 몸조심하고, 자기관리를 잘 해야 한다"라는 요지의 주의를 주었는데, 이 대목에서 지도교수 우에노 나오조와 학생 윤동주 사이에서 언쟁이 벌어졌다고 한다. 윤동주는 "제

---

3 우에노 나오조(上野直藏, 1900~1984)는 1927년에 도시샤대학 문학부 영문학과를 졸업하였고, 1938년에 도시샤대학 조교수로 부임하였다. 1949년~1950년에 도시샤대학의 문학부장을 역임하였다. 1952년에 도시샤대학에서 문학박사학위를 받았다(박사논문: The religious view of Chaucer in his Italian Period.). 1970년에 정년퇴직과 함께 명예교수가 되었다. 1975년~1983년에는 도시샤대학 이사장과 총장을 역임하였다(https://ja.wikipedia.org/wiki/上野直藏). 우에노 나오조에 관한 자료로는 우에노 나오조 환갑기념논문집, 우에노 나오조 연보 및 주요저서논문 일람, 우에노 나오조 탄생 백년기념지 등이 있다(上野直藏博士還曆記念論文集刊行会編, 1963; 同志社アメリカ研究所, 1986; 上野直藏先生生誕百年記念誌刊行会編, 2000).

군들에게는 죽음을 걸고 지킬 조국이 있지만, 내게는 지켜내지 않으면 안 될 조국이란 게 없다(諸君には死を賭して守る祖國がある. だが私には守べき祖國がない)"[4]라는 취지의 발언을 했고, 이로 인해 일순 분위기가 어색해지자 지도교수 우에노 나오조가 윤동주의 말을 바로 제지했다고 한다(多胡吉郎, 2017). 우에노 나오조-윤동주 사이에 오고간 험한 얘기, 그 대표성을 띠는 말이 바로 윤동주가 했던 "나는 그런 마음으로 이 학교에 온 것이 아니다"라는 말이었다. 이 말의 앞뒤에는 어떤 말이 놓였을까. 다고 기치로는 다큐멘터리 방송(KBS-NHK, 1995.3.12.)이 끝난 15년 후에, 모리타 하루의 증언에 다음과 같은 말을 덧붙였다.

---

4 윤동주가 우에노 나오조 교수와 동급생들 앞에서 했다는 위의 발언은 동급생 중의 한 명인 모리타 요시오(森田善夫)의 기억에 따른 것이다. 그런데 모리타 요시오와 모리타 하루의 당시 모임 장소와 목적에 대한 증언은 다소 다른 점이 있다. 모임 장소에 대해서는, 모리타 요시오는 도시샤대학 부근의 신마치거리(新町通り)의 찻집이라고 회상했고, 모리타 하루는 우에노 나오조 교수의 집이라고 회상했다. 회합 목적에 대해서는, 모리타 요시오는 학도출진 학생을 전송하는 파티라고 얘기했고, 모리타 하루는 학도출진 전에 아직 남아있는 학생들을 소집한 것이라고 얘기했다. 다만 모리타 요시오와 모리타 하루는 공히 윤동주가 우에노 나오조에게 왜 자신이 순수히 일본인이 되지 않은 것인지를 강변하자, 우에노 나오조는 윤동주가 더 이상 발언을 잇지 못하도록 조금 심한 말로 제지했다는 기억을 떠올렸다(仲尾宏, 2009).

"이제는 말해도 좋을 것 같습니다만, 그때 우에노 선생님은 '스파이'와 같은 심한 말을 사용했었습니다. 정확히 '스파이'라는 말은 아니었지만, 그와 유사한 말이었습니다. 스파이 활동을 하고 있다는 그런 표현이었다고 생각됩니다." 모리타 하루가 그동안 우에노 교수의 말에 관해 명확히 언급하는 것을 피했던 것은 처음에는 기억이 애매모호했던 이유도 있었지만 기억이 되살아난 이후에는 은사를 헤아리는 마음 때문이었을 것이다.……모리타 하루의 새로운 증언에서 눈여겨봐야 할 점은 두 가지로 생각된다. 한 가지는 왜 우에노 교수가 윤동주에 대해 '스파이'와 비슷한 심한 말을 던지게 되었는가라는 문제다. 우에노 나오조는 전문 영문학 연구에서도 몇 가지 중요한 업적을 남겼을 뿐 아니라 전후에 도시샤대학 총장까지 지낸 인망이 두터운 학자였다. 그런 인물의 입에서 '스파이'와 비슷한 말이 나왔다는 것은 심상치 않다. 단순한 민족 차별과 같은 감정으로는 등장할 수 없는 수사법인 것이다. 나는 이 심상치 않은 사태가 발생한 이유를 우에노 교수가 경찰에게서 어떠한 정보를 들었기 때문이라고 추측한다. 그 배경으로 볼 만한 것은 윤동주의 사촌 송몽규의 존재와 그 경력이다.(多胡吉郞, 2017)

도시샤대학 영문학과 교수(주임 교관) 우에노 나오조는 윤동주

너머의 송몽규에 대한 정보를 사전에 전달받았을 가능성이 높고, 그런 위험인물로 분류되는 학생이 도시샤대학 영문학과 학생이라면 사뭇 얘기가 달라진다고 보았을 것이다. 그 대처·대응 여하에 따라 교수 개인의 신변이나 대학 경영 문제에 영향을 끼칠 수 있는데다가 적성국가의 언어를 전공하는 영어영문학과의 운명에도 부정적으로 작용할 수 있는 것이었기에, 이런 위기감을 억누르지 못한 채 윤동주를 향해 '스파이' 운운하는 욕설과 다름없는 비난조의 표현이 등장했을 것이다(多胡吉郎, 2017). 그렇다면 "나는 그런 마음으로 이 학교에 온 것이 아니다"는 말이 나올 수밖에 없도록 윤동주를 자극했던 우에노 나오조의 막말은 바로 윤동주 스파이 활동설에 입각한 발언이었다고 말할 수 있다(多胡吉郎, 2017). 너무도 분명한 사실은 그 일이 있고난 후 바로 윤동주는 체포되었고 형무소에 수감되었고 결국에는 의문의 죽음을 맞게 되었다는 사실이다.

도쿄의 릿쿄대학에서 교토의 도시샤대학으로 학교를 옮겨 10개월 가까이 공부하면서 새로운 삶을 도모했던 윤동주는, 1943년 7월 14일 여름방학을 맞아 고향에 다녀오려던 차에 교토의 특별고등경찰서인 시모가모경찰서에 치안유지법 위반 혐의로 체포·구금되었다. 송몽규는 그보다 4일 먼저인 1943년 7월 10일에 체포·구금되었다.

윤동주는 일본 유학 시절에 지금 알려진 시보다도 더 많은 시를 지었을 것으로 짐작하지만, 릿쿄대학에서 공부할 때 쓴 5편의 시 말고는 망실되고 없으며, 특히 도시샤대학을 다닐 때에도 많은 시를 썼을 것으로 보이나 이때의 시는 전혀 전해지지 않는다. 윤동주는 1943년 7월 14일, 민족독립운동을 했다는 죄목(치안유지법 제5조 위반)으로 체포·구금되었을 당시에 그가 지녔던 모든 시가 압수되고 말았다. 결국 윤동주의 일본 유학 시절의 작품으로는 릿쿄대학 시절의 5편의 시가 전부이다. 그 5편의 시가 압수되지 않고 전해진 것도 윤동주가 연희전문학교 때의 친구 강처중에게 이를 미리 우편으로 발송해두었기 때문이다.

제7장

특고의 시선, 윤동주는 독립운동 혐의자
-치안유지법 위반자

1. 윤동주의 체포·구금(1943.7.14.)

윤동주와 송몽규가 일본에 유학했던 1942년의 상황은 태평양전쟁 발발(1941.12.8.)로 인해 조선인 유학생에 대한 공안 당국의 감시와 압박이 어느 때보다도 혹심했던 시기였다. 윤동주와 송몽규가 1942년 2월~3월에 교토제국대학 입학시험(1942.2.15.: 지원자 명부 작성. 1942.3.2.-3.3.: 입학시험 실시)을 치르기 위해 교토에 와있던 시점, 교토의 조선인사회는 <동아연맹운동 관계 조선독립운동> 사건으로 교토경찰부 특별고등경찰의 미행·감시·사찰 대상에 들어와 있었다(정우택, 2021). 군국주의·제국주의 일본 정부의 불안 심리, 그 구조를 보면, 당시 일본에 들어와 있는 조선의 청년·학도가 그들의 자유와 행복을 도모하기 위해 불복종운동의 폭동화를 통해 통치권의 지배를 이탈하여 종국에는 독립국가 건설을 획책할 것이라는 우려, 그 불안과 공포 심리가 여기저기 표출되었다는 사실을 확인할 수 있다.

양인현(梁原剛一)의 <조선독립운동 관계 치안유지법 위반 피고사건 판결문>(1943.4.21.)을 보면, 양인현은 동아연맹론의 선전·보급을 빙자하여 조선 민족의 독립운동을 전개하였는바, 그는 열렬한 민족의식에 불타있었다. 양인현은 일본의 조선 통치를 조선 고유의 문화·풍속·언어의 창달을 억압하고 민족의 멸망을 기도하는 악정이라고 원망 한탄하면서, 제국 통치권의 지배에서 이탈하여 조선 민족을 해방하고 독립국가를 건설하는 목적 달성에 진력할 것을 결의하였다. 그런데 양인현이 동아연맹론의 선전·보급을 빙자했다는 말은 무슨 의미일까. 동아연맹론은 아시아침략주의자 이시와라 간지(石原莞爾, 1889~1949)의 본색이 드러난 주장이었다. 이시와라 간지는 흔히 '동아연맹', '쇼와유신', '만주국을 만든 남자', '만주국 건국을 연출했던 육군참모', '맥아더가 제일 무서워했던 일본인' 등으로 형용되는 인물이었다. 이시와라 간지는 가마쿠라 불교의, 『법화경』을 교본으로 하여 입정안국론(立正安國論)을 표방했던, 니치렌주의(日蓮主義) 신앙을 골격으로 삼아 동아연맹 구상을 제시하였다. 그의 본색은 그저 아시아침략주의자였다. 하지만 그가 일본과 중국의 연대를 기축으로 하는 동아연맹론을 주장했다는 형식에 현혹되어 그를 아시아평화주의자로 오독하는 경우도 많았다. 어쩌면 그 오독은 기만적·의도적 오독인 경우도 많았을 것이다. 양인현의 경우, 이시와라 간지의 본색을 간파하지 못했을 리 없지만 동아연맹론의 선전·보급을 빙자하여 조선독립운동을 전개했다고 말할 수 있다.

1943년 6월 20일. 교토에서는 조선인 학생 특별지원병 지원 독려간담회가 열렸는데, 이 간담회에는 조선장학회 총재 미나미지로(南次郎), 조선장학회 이사장 가와기시 후미사부로(川岸文三郎), 조선장학회 이사 이광수와 최남선, 교토제국대학 총장 하네다 도루(羽田亨)와 각 대학의 책임자, 그리고 교토제국대학 출신 김연수 등이 참석하였다. 그리고 조선인 학생 특별지원병 지원 독려간담회(1943.6.20.)가 열린 지 20여일 만에 특별고등경찰서인 시모가모 경찰서에 치안유지법 위반 혐의로 송몽규가 체포·구금(1943.7.10.) 되고 윤동주가 체포·구금(1943.7.14.)되었다. 당시의 정황을 포착하기 위해서는 친일적 세계관을 드러내는 자들의 어법이 도움이 될 수 있다. 최재서는 『국민문학』 1943년 8월호에 "징병서원행: 감격의 8월 1일을 맞아"를 발표하였고, 김성수는 『매일신보』 1943년 8월 5일자에 "선배의 부탁: 문약의 고질을 버리고 상무기풍 조장하라"를 발표하였으며, 『매일신보』 1943년 11월 7일자에는 "학도여 성전에 나서라: 대의에 죽을 때 황민됨의 책무는 크다"를 발표하였다. 조선의 청년·학도를 전쟁과 죽음의 지대로 몰아넣는 간계를 천연덕스럽게 드러냈음을 확인할 수 있다.

학도 동원에 저항하고 불온 행동을 일삼는 조선인 유학생들의 동향에 초조해진 교토의 경찰과 공안 당국은 그동안 미행·사찰해왔던 송몽규와 윤동주를 검거하기에 이르렀다. 조선인 학생 특별지원병 지원 독려간담회(1943.6.20.) 이후 송몽규의 체포·구금(1943.7.10.), 윤동주의 체포·구금(1943.7.14.)으로 이어지는 시계열에 유의하여 그 사건을 판독한다면, 그것은 분명 특별지원병 지원 결의 및 독려 캠페인에 대한 조선인 유학생들의 저항을 사전에 차단하는 효과를 노린 것으로 볼 수 있다.

윤동주가 치안유지법 위반 혐의로 체포·구금(1943.7.14.)된 당시 상황을 놓고 볼 때, 윤동주의 행동 무엇이 그토록 치안유지법 위반죄에 해당한다는 것인지에 대해 살펴볼 일이다. 윤동주와 송몽규는 시모가모경찰서에서 조사를 받은 다음, 1943년 12월 6일 시모가모경찰서에서 교토지방재판소 검사국으로 송치되었다. 교토지방재판소 검사국에서 취조를 받은 결과, 윤동주와 송몽규는 치안유지법 제5조 위반으로 기소 처분(1944.2.22.)을 받았다. 1943년 12월호『특고월보』에 실린 <재경도 조선인학생 민족주의그룹 사건 책동개요>에 의하면(高橋邦輔, 2022), 윤동주는 기본적으로 치안유지법을 위반한 사상범으로 분류되었다. 1943년 7월, 도쿄에 살던 윤영춘은 윤동주와 송몽규가 경찰서에 검거되었다는 소식을 접하고 황급히 교토로 내려가 시모가모경찰서 취조실의 윤동주를 면회하였다.

> 취조실에 들어가 본 즉 형사는 자기 책상 앞에 동주를 앉히우고 동주가 쓴 조선말 시와 산문을 일어로 번역시키는 것이다. 이보다 훨씬 몇 달 전에 내게 보여준 시 가운데서 가장 좋은 것이라고 생각되어진 시들은 거의 번역한 모양이다. 이 시를 고르케[정확히는 고로키 사다오(興椙定夫): 저자 주]라는 형사가 취조하여 일건 서류와 함께 후쿠오카 형무소로 넘긴 것이다. 동주가 번역하고 있던 원고 뭉치는

상당히 부피가 큰 편이었다. 아마도 몇 달 전에 내게 보여주었던 원고 외에도 더 많은 것이 든 것으로 생각된다.(윤영춘, 1976)

윤영춘의 목격담에 의하면, 시모가모경찰서 취조실에서 윤동주는 형사의 책상 앞에 강제로 앉힌 상태에서 그동안의 자신이 쓴 조선말 시와 산문을 강제로 일어로 번역하는 작업을 진행 중이었다. 영화 <동주>의 설정에서는, 윤동주가 릿쿄대학 다카마츠 고지(高松孝治) 교수의 소개로 알게 된 가상의 인물 후카다 구미의 도움을 받아, 자신의 시를 일본어로 번역하고 영어로 이중 번역하여 미국에 시집을 출판하는 작업을 진행하는 장면이 등장하는데, 이는 윤영춘의 취조실 목격담을 소재로 삼아 가상의 인물을 만들어낸 것으로 보인다. 이 허구의 설정은 이준익 감독의 결정적인 '제작 판단 미스'라 볼 수 있다(김보예, 2020a).

특고경찰의 입장에서 볼 때, 식민지조선의 대표적인 지식인그룹·작가집단이 '국민문학'의 이름으로 일본어 글쓰기를 당연하게 여기던 현실에서 일관되게 조선어로 시를 써왔던 윤동주는 여지없이 불온인물-불령선인으로 지목될 수밖에 없었다. 윤동주를 경계인의 속성을 피하기 어렵다고 보는 관점, 그리하여 윤동주를 수식하는 이런저런 형용어를 빼고 그저 '시인'이라는 명칭을 쓰는 게 적절하다는 의견도 있다. 심지어 사상탄압 전문 특고의 시선이 어김없이 드러나 있는 윤동주 재판 판결문(1944.3.31.)을 해석·인용하면서도 '경계인 윤동주'의 '명징하지 못한 정체성'을 표상하는 작업에 우리는 아주 익숙해 있다.

윤동주를 한·중·일의 구도 설정을 통해 각국의 경계를 넘나드는 존재로 그리는 작업은 그것이 진정 윤동주의 정체성을 깊이 헤아리기 위한 작업인지 회의가 들기도 한다. 대체로 윤동주는 조선-중국-일본의 경계를 넘나드는 흔들리는 존재(본적: "조선 함경북도 청진", 이주 전 주소: "조선 함경북도 종성", 출생: "만주국 간도성", 호명: "북간도 이주민 4세", "반도 출신의 조선인", "내선계열의 선계일본인")로 규정되어왔다. 그만큼 윤동주의 정체성은 한·중·일의 경계에 걸쳐있다는 지적이며, 그를 일국주의적 관점에서 한국의 민족저항 시인으로 표상하는 작업은 그리 적절하지 않다는 지적으로 이어질 수 있다. 하지만 이러한 접근법이 자칫 윤동주에 대한 개방적·중립적·객관적인 연구태도인양 여겨질까 염려되는 점도 있다.

한·중·일의 넓은 경계에 걸쳐있는 윤동주에 대한 논의 및 해석 과정에서도 여러 갈래의 욕망이 작동하고 있음을 확인할 수 있다. 윤동주를 기리고 기억하고 그리워하는 포즈를 취하는 과정에서 욕망의 변주는 계속되었는바, 이는 윤동주의 정체성을 정확히 포착하는 일에 별 도움이 안 될 수도 있는 것이어서, 그 접근 및 대응의 태도를 경계하고 문제 삼을 필요가 있다. 그리고 여기에는 윤동주를 죽음의 지대로 몰아갔던 특고경찰의, 치안유지법을 들먹이면서 윤동주의 죄를 묻는 그 극악한 행태에 대한 미시·정밀 분석이 제대로 이루어져야 할 것이다. 당시 일본의 전황은 악화일로인 가운데 치안유지법을 빌미로 탄압은 갈수록 심해졌으며, 한층 엄격해진 개정치안유지법(1941.5.15.)은 '준비행위'를 했다고 판단되면 검거가 가능했기에, 사실상 누구라도 범죄자로 만들 수 있는 악법이었고, 윤동주는 이 악법으로 인해 체포되었다(야나기하라 야스코, 2015). 윤동주에 대한 기술 과정에서 자주 거론되는 치안유지법은 원본(공포: 1925.4.22. 시행: 1925.5.12.)이 아닌 개정본(공포: 1941.3.10. 시행: 1941.5.15.)을 일컬으며 보통 신치안유지법=개정치안유지법이라고 일컫는다. 윤동주에게 적용된 치안유지법은 세기의 악법으로 통하는 것으로, 이는 오다카 도모오(尾高朝雄)가 소크라테스에 대한 의도적 오역을 통해 조작했던 "악법도 법이다"라는 말과도 같은 계열에 속하는 말이다. 박균섭이 중대신문과의 인터뷰에서 "윤동주는 독립운동이나 일본고등경찰이 의심할만한 행동을 하지않았다"고 말한 것은, 개정치안유지법(1941.5.15.)을 걸면 누구든지 얼마든지 범죄자로 엮일 수 있는 상황을 지적하기 위한 역설적 표현이었던 것이다(중대신문, 2022.4.4.).

윤동주는 릿쿄대학을 다닐 때에도 그리고 도시샤대학을 다닐 때에도 독립운동 조직에 가담하여 활동한 적이 없으며, 그러한 조짐이 드러난 적도 없었다. 사실 윤동주가 한국인뿐만 아니라 중국 조선족에게도 자랑스러운 시인으로 평가받지만, 북한의 초창기 문학사에서는 윤동주를 논의 대상으로 삼지 않았는데, 이는 일제강점기 문학사를 항일무장투쟁의 역사로 보는 사관이 작용했기 때문이다(윤여탁, 2010). 하지만 도시샤대학에 유학중인 윤동주에 대한 당시 일본 경찰의 시선은 사뭇 다른 것이었다. 윤동주는 불타는 민족의식의 소유자이자 제국의 치안을 해치는 불온인물-불령선인의 한 사람이었다. 사상탄압 전문 특고의 눈으로 보았을 때, 교토에 유학중인 조선인 학생들은 민족주의그룹을 만들어 조선의 독립이라는 불온한 꿈을 꾸었는데, 그 중에서도 가장 눈에 띄는 인물이 바로 윤동주의 고종사촌 송몽규였다.

송몽규가 일찍이 요시찰인 명부에 등록된 것은, 그가 1936년 4월에 한국 독립군 양성을 위한 중국 허난성 낙양군관학교 한인 특별반에 입교한 전력과, 그 관련으로 1936년 4월에 산둥성 일본 영사관 경찰부에 검거되어 함경북도 웅기경찰서에서 고문과 취조를 받고 8월에 풀려난 사실 때문이다. 응당 송몽규와 가장 가까운 관계에 있었던 윤동주가 그 다음 가는 불온인물-불령선인으로 지목될 수밖에 없었다.

2. 윤동주 재판 판결문(1944.3.31.)

윤동주는 1943년 교토지역의 조선인학생 민족주의그룹 사건의 치안유지법 위반 혐의를 받고 특고경찰 시모가모경찰서에 체포·구금되었다. 특고경찰은 윤동주와 송몽규에게 치안유지법 제5조("국체 변혁의 목적을 실행하기 위한 협의 또는 선전, 선동") 위반 혐의를 씌웠다. 1943년 7월 10일에는 송몽규가, 7월 14일에는 윤동주가 치안유지법 제5조 위반으로 체포·구금되었다. 도대체 윤동주의 활동 궤적 어느 것이 치안유지법 위반죄가 된다는 것일까. 이에 대한 그들의 이유를 들어보기 위해 윤동주의 재판 판결문에 대한 정밀 분석이 필요할 것이다. 윤동주시비건립위원회의 요청에 따라, 교토지방검찰청 범력채증기록과에서는 2010년 7월 8일에 윤동주 재판 판결문(지검 기록번호 15번)을 공개했는데, 이 때 안자이 이쿠로 대표, 곤다니 노부코 사무국장, 미즈노 나오키 교수, 이수경 교수가 판결문을 열람하였다. 이어서 교토지방검찰청 범력채증기록과에서는 2011년 7월 22일에 송몽규 재판 판결문(지검 기록번호 19번)을 공개했는데, 이 때 곤다니 노부코 사무국장, 가토 히데노리 변호사, 하사바 기요시 전 아사히신문 서울지국장, 미즈노 나오키 교수, 이수경 교수가 판결문을 열람하였다(紺谷延子·水野直樹·安齋育郎, 2011; 세계일보, 2011.8.10.; 이수경, 2012).

2010년 7월 15일, 일본의 윤동주시비건립위원회는 교토에서 기자회견을 열고 교토지방검찰청이 윤동주 재판 판결문(1944.3.31.)을 공개했다고 발표했다. 그런데 이 판결문은 이부키 고(伊吹鄉)가 1984년에 윤동주의 시집(『하늘과 바람과 별과 시』)을 일본어로 번역·출간하기에 앞서 판결문을 개인적으로 열람하고 그 전문을 게재한 바 있다(伊吹鄉譯, 1984). 윤동주 재판 판결문에 대한 정밀 판독을 통해 윤동주가 체포·구금된 배경, 일제 식민권력의 조선인 유학생을 바라보는 집단무의식을 포착할 수 있다(紺谷延子·水野直樹·安齋育郎, 2011; 윤동주, 2016).

[윤동주 재판 판결문]

피고인은……유소년 시절부터 민족적 학교 교육을 받아 사상적 문학서 등을 탐독하고 교우의 감화 등에 의해 치열한 민족의식을 품고 있던 바, 성장하며 내선간 소위 차별 문제에 대하여 깊이 원망하는 마음을 품는 동시에 우리의 조선 통치 방침을 보고 조선 고유의 민족문화를 절멸시키고 조선민족의 멸망을 꾀하는 것이라 생각한 결과, 이에 조선민족을 해방하고 그 번영을 초래하기 위해서는 조선이 제국 통치권의 지배로부터 이탈하여 독립국가를 건설하는 방법 말고는 없으며, 이를 위해 조선민족이 현재 가진 실력 또는 과거에 있었던 독립운동 실패의 자취를 반성하고, 당면한 조선인의 실력과 민족성을 향상시켜 독립운동의 소지를 배양할 수 있도록 일반 대중의 문화 앙양 및 민족의식 유발에 힘써야 한다고 결의하기에 이르렀으며, 특히 태평양전쟁(大東亞戰爭)의 발발에 직면하자 과학력에 열세인 일본의 패전을 몽상하고 그 기회를 틈타 조선 독립의 야망을 실현할 수 있다고 망신하여 더욱 그 결의를 굳히고, 그 목적 달성을 위해 도시샤대학에 전교 후, 이미 같은 의도를 품고 있던 교토제국대학 문학부 학생 송몽규(宋村夢奎) 등과 빈번히 회합하여 상호 독립의식 앙양을 꾀한 외에 조선인 학생 김주현(松原輝忠), 백성언(白野聖彦) 등에 대하여 그 민족의식 유발에 전념해 왔다.……

1944년 3월 31일

교토지방재판소 제2형사부

재판장 판사 이시이 히라오(石井平雄)

판사 와타나베 츠네조(渡邊常造)

판사 가와라타니 스미오(瓦谷末雄)

윤동주 재판 판결문에는 윤동주를 직접 형용하는 언어보다는 특고경찰, 사상검찰, 신치안유지법, 태평양전쟁 등과 같은 언어가 짙은 그림자가 되어 아른거린다. 중일전쟁(1937.7.7.)을 거치면서 치안유지법(1925.4.22.)은 신치안유지법(1941.3.10.)으로 개정·강화되었고, 이는 언론·출판·집회·결사에 관한 임시단속법(1941.12.19.)과 함께 작동되었다(中澤俊輔, 2017). 그 폭압의 시계열에 태평양전쟁(1941.12.8.)이 버티고 있음을 유의할 일이다. 일본 군국주의자들은 전쟁의 장기화에 따른 염전기분(厭戰氣分)·반전사상(反戰思想)의 만연을 무엇보다도 두려워하였고, 이를 막는 일은 총후사회(銃後社會)의 치안 확보를 위한 핵심 과제였다(中澤俊輔, 2017). 신치안유지법은 역외 적용 조항(제7조)에 따라 제국 통치권의 이탈을 꿈꾸는 식민지 조선은 물론 만주 간도에도 적용되었다(中澤俊輔, 2017). 이들의 '정부전복(政府顚覆)'과 '방토참절(邦土僭竊)'을 두려워하는 정신구조는 "조선독립=제국영토참절=통치권의 내용축소=국체변혁"의 도식으로 표상되는 것이기도 했다(中澤俊輔, 2017).

양인현(판결문: 1943.4.21.), 송몽규(판결문: 1944.3.31.), 윤동주(판결

문: 1944.3.31.) 등의 판결문을 보더라도, 이들의 치안유지법 위반 행위는 공통 유형을 지닌다는 것을 확인할 수 있다. 미즈노 나오키(2018)는 특고경찰이 불온시했던 조선인 유학생들의 공통 행보에 대해 ① 일제의 조선인에 대한 차별과 압박을 비방하고, ② 징병제를 비판하고, ③ 일본의 패전의 필요성을 주장하고, ④ 조선 민족의 자유, 행복, 번영을 위한 민족의식의 향상을 꾀하고, ⑤ 실력 양성의 방법으로 일본 통치를 이탈하고 조선 독립을 달성할 것을 협의·선전·선동·결의하는 형식을 취했다는 점을 지적하였다. 그 협의·선전·선동·결의 행위가 바로 윤동주와 송몽규에게 적용된 치안유지법 제5조("국체 변혁의 목적을 실행하기 위해 협의 또는 선전, 선동")를 위반했다는 죄목이었다.

3. 윤동주의 치안유지법 위반 사항

윤동주 재판 판결문에서는, 윤동주가 여러 인물 접촉을 통해 일본의 패망을 예견하면서 민족독립을 기획하고 민족정신의 부흥을 꾀했다는 사실을 적시하고, 이를 근거로 치안유지법 위반사항을 판시하였다. 윤동주 재판 판결문에서는 피고인 윤동주의 행위는 치안유지법 제5조 위반에 해당하므로, 그 "소정 형기 범위 내에서 피고인을 징역 2년에 처하며 형법 제21조에 의하여 미결 구류일수 중 120일을 상기 본형에 산입하도록 한다"고 판시하였다. 윤동주의 치안유지법 제5조 위반 사항은 윤동주가 송몽규, 백인준, 김주현, 백성언 등과 접촉하여 조선의 독립을 모의했다는 혐의로 집중된다. 판결문을 통해 확인할 수 있는 특징적인 사실로는, 윤동주-송몽규의 치안유지법 위반 행위(1943년 4월 중순)보다도 송몽규-고희욱의 치안유지법 위반 행위(1942년 12월 초순)가 먼저 시작되었다는 점이다. 발생사적 배경만 놓고 보면, 윤동주-송몽규의 위험성보다도 송몽규-고희욱의 위험성이 높았다고 말할 수 있다.

[윤동주-송몽규 관련 치안유지법 위반 사항]

① 윤동주는 1943년 4월 중순 무렵, 송몽규의 하숙처인 교토시 사쿄구 기타시라카와 히가시히라이초 60번지 시미즈 사카에(清水榮一) 쪽에서 회합하여 조선 만주 등의 조선민족에 대한 차별 압박의 근황을 청취한 뒤 서로 이를 논란 공격함과 함께 조선의 징병제도에 대해 민족적 입장에서 상호 비판을 가하고 그 제도는 오히려 조선 독립 실현을 위해 일대 위력을 더할 것이라고 논단하였다. ② 윤동주는 1943년 4월 하순 무렵, 교토 시외의 야세(八瀨) 유원지에서 송몽규 및 민족의식을 갖고 있는 릿쿄대학 학생 백인준(白山仁俊)과 회합하여 서로 조선의 징병제도를 비판하고, 조선인은 종래 무기에 대해 알지 못하지만 징병제도의 실시에 의해 새로이 무기를 갖고 군사지식을 체득함에 이르러 장래 태평양전쟁에서 일본이 패전에 직면할 시에 반드시 우수한

지도자를 얻어 민족적 무력 봉기를 결행하여 독립 실현이 가능하도록 민족적 입장에서 징병제도를 구가할 것을 논하였다. 또한 조선 독립 후의 통치방식에 관해서는 조선인은 당파심 및 시기심이 강하기 때문에 나라가 독립되는 날에는 군인 출신자의 강력한 독재 제도에 의하지 아니하면 통치는 곤란할 것이라 논정한 끝에 독립 실현에 공헌하도록 각자 실력 양성에 전념할 필요가 있음을 강조하였다. ③ 1943년 6월 하순 무렵, 윤동주의 하숙처인 교토시 사쿄구 다나카 다카하라초 27번지 다케다아파트에서 송몽규와 함께 찬드라 보스를 지도자로 하는 인도 독립운동의 대두에 관하여 논의하고, 조선은 일본에 정복되어 힘이 약한 반면 일본은 세력이 강대하므로 현재 곧바로 찬드라 보스와 같은 위대한 독립운동 지도자를 얻으려 해도 용이치 아니한 상태이나, 한편 민족의식은 오히려 왕성하므로 다른 날 일본의 전력이 피폐하여 호기가 도래하는 날에는 찬드라 보스와 같은 위대한 인물의 출현이 반드시 이루어지도록 각자 그 호기를 잡아 독립 달성을 위하여 궐기해야 한다고 격려하는 등, 서로가 독립의식의 격발에 노력하였다.

[윤동주-김주현 관련 치안유지법 위반 사항]

① 1943년 2월 초순 무렵, 윤동주의 하숙처인 다케다아파트에서 조선 내 학교에서 조선어 과목이 폐지된 것에 대해 논

란을 벌이고 조선어의 연구를 권장한 뒤, 소위 내선일체 정책을 비방하고 조선문화의 유지, 조선민족의 발전을 위해서는 독립 달성이 필수인 까닭을 강조하였다. ② 1943년 2월 중순 무렵, 다케다아파트에서 조선의 교육기관 학교 졸업생의 취직 상황 등의 문제를 파악하고 더욱이 내선 간에 차별 압박이 있다고 지적한 뒤 조선민족의 행복을 초래하기 위해서 독립이 급무임을 역설하였다. ③ 1943년 5월 하순 무렵, 다케다아파트에서 태평양전쟁에 대해 이 전쟁은 항상 조선 독립 달성의 문제와 관련하여 고찰함을 요하며, 이 호기를 놓친다면 가까운 장래에 조선 독립의 가능성을 상실하여 결국 조선 민족은 일본에 동화되어버릴 것이므로 조선민족인 자는 그 번영을 이룩하기 위해 어디까지나 일본의 패전을 기대해야 한다는 자신의 견해를 누누이 피력하였다. ④ 1943년 7월 중순 무렵, 다케다아파트에서 문학은 어디까지나 민족의 행복 추구의 견지에 입각해야 한다는 뜻으로 민족적 문학관을 강조하는 등 김주현의 민족의식을 유발토록 하는데 부심하였다.

[윤동주-백성언[1] 관련 치안유지법 위반 사항]

---

1 윤동주 재판 판결문에 등장하는 시라노 기요히코(白野聖彦)에 대해 그동안 대부분의 기술에서는 장성언(張聖彦)이라고 기록해왔다. 하지만 창씨

① 1942년 11월 하순 무렵, 윤동주의 하숙처인 다케다아파트에서 조선총독부의 조선어학회에 대한 검거를 논란한 뒤, 문화의 멸망은 필경 민족의 궤멸로 이어진다는 것을 역

개명의 작성법·작동방식에 조금만 유의한다면, 시라노 기요히코는 장성언(張聖彦)이 아닌 백성언(白聖彦)일 가능성이 높다고 볼 수 있다. 왕신영-장성언 사이에 오고간 편지에 의하면(왕신영, 2023), 장성언은 윤동주와 어떻게 알게 되었는지 기억이 나지 않고 윤동주 사건에 관해서도 아는 것이 없다고 말하면서 다만 1943년 7월, 여름 방학을 맞아 윤동주와 함께 서울을 가자고 약속하여 교토역에서 윤동주를 기다렸으나 그가 오지 않아 홀로 기차를 탔다는 기억 말고는 없었다. 이는 일찍이 다고 기치로가 뉴욕 교외에 거주하는 장성언을 수소문하여 연락을 취한 결과와도 일치하는 내용이다(多胡吉郎, 2017). 왕신영이 도시샤대학 행정부서에 요청하여 건네받은 <1930~45 도시샤대학 유학한국인 학생명단>에 의하면, 1943년 같은 해에 도시샤대학 영문학과에는 장성언과 백성언 두 학생이 있었다[張聖彦: YALE 大學教授. NEW HAVEN CONN U.S.A. 白聖彦: 鐘路區 仁寺洞 236]. 윤동주의 재판 판결문에 의하면, 윤동주가 긴카쿠지 부근 길거리에서 민족 전체의 번영을 위해 일본의 패전 문제를 누누이 피력했다고 했는데, 이에 관해서도 장성언은 전혀 기억이 없었다(왕신영, 2023). 시라노 기요히코가 장성언일 가능성이 낮은 이유이다. 그렇다면 재판 판결문에서 윤동주가 1943년 당시 소장하고 있던 『조선사개설』을 시라노 기요히코에게 건네면서 조선사 연구에 노력하도록 하였다고 했는데, 이 역시 윤동주-장성언에 대한 얘기가 아니라 윤동주-백성언에 대한 얘기였음을 알 수 있다. 하지만 장성언은 어느 정도 알려진 반면 백성언은 알려진 바가 없다. 윤동주의 연희전문학교 2년 선배이자 도시샤대학 영문학과 2년 선배였던 장성언은 한국 최초의 영어사용법 관련 사전(『영어사용법사전』, 민중서림)의 편자로도 알려져 있으며, 연희전문학교 교수 이양하가 장성언의 누이 장영숙과 길지 않은 결혼생활을 했던 것도 알려진 사실이다.

설하고 조선문화의 앙양에 단단히 힘써야 함을 지시하였다. ② 1942년 12월 초순 무렵, 교토시 사쿄구 긴카쿠지(銀閣寺) 부근 길거리에서 개인주의 사상을 배격 지탄한 뒤, 조선민족인 자는 어디까지나 개인적 이해를 떠나 민족 전체의 번영을 초래하는 마음을 가질 필요가 있다고 강조하였다. ③ 1943년 5월 초순 무렵, 다케다아파트에서 조선의 고전 예술이 갖는 탁월성을 지적한 뒤, 문화적으로 침체되어 있는 조선의 현재 상황을 타파하고 그 고유문화를 발양하기 위해서는 조선의 독립을 실현해야만 한다고 역설하였다. ④ 1943년 6월 하순 무렵, 다케다아파트에서 백성언의 민족의식 강화에 보탬이 되도록 자신이 소장하고 있던『조선사개설』을 대여하고 조선사 연구를 종용하는 등 백성언의 민족의식 앙양에 힘쓰고, 이로써 국체를 경혁할 것을 목적으로 하여 그 목적 수행을 위해 행동하였다.

윤동주-송몽규의 회합에 의한 치안유지법 위반 문제를 살피기에 앞서 검토할 사항이 있다. <송몽규 재판 판결문>에는 송몽규의 치안유지법 위반사항이 적시되어있는데, 판결문에서 제일 크게 문제 삼은 것은 다름 아닌 1942년 12월 초순 무렵의 송몽규-고희욱의 회합이었다. 송몽규는 같은 하숙집에 사는 제삼고등학교(第三高等學校, 현재 교토대학(종합인간학부)과 오카야마대학(의학부)의 전신) 3학년생 고희욱(高島熙旭)에게 향후 독립운동의 학구적·논리적 방책을 지시했다는 점을 치안유지법 위반사항으로 들었다. 송몽규-윤동주의 치안유지법 위반은 1943년 4월 중순 무렵에 발생했음을 고려하면, 송몽규-고희욱의 치안유지법 위반이 먼저 있었음을 알 수 있다. 1943년 4월 이후로는, 송몽규와 윤동주가 자주 만나 독립의식 앙양, 무력 봉기, 독립 실현을 위한 방책을 강구했음을 알 수 있다. 대표적인 회합으로 1943년 4월 중순(송몽규 하숙집: 송몽규-윤동주 회합), 4월 하순(야세 유원지: 송몽규-윤동주-백인준 회합), 6월 하순(송몽규 하숙집: 송몽규-고희욱 회합), 6월 하순(윤동주 하숙집: 송몽규-윤동주 회합) 등을 들 수 있다.

윤동주-김주현의 회합과 관련하여, 다고 기치로(多胡吉郎, 2017)는 <윤동주 재판 판결문>에서는 1943년 5월 하순에 윤동주가 김주현에게 전쟁의 앞날과 조선 독립을 관련지어 논하면서 일본의 패전을 기대했다고 말했는데, 그 회합은 윤동주가 우지강 소풍·야유회를 다녀왔던 시점과 시간 거리가 크지 않았을 것으로 보았다. 다고 기치로는 당시 윤동주가 다녀온 소풍·야유회의 성격에 대해 귀국을 결정한 송별회의 의미를 갖는다고 규정하고, 이를 통해 보더라도 윤동주의 귀국 결심은 일본의 패전을 예측한 데 따른 것이었다고 다소 성급한 의견을 내놓았다. 그렇게까지 단정적으로 말할 일은 아니라고 본다.

윤동주 재판 판결문에서는, 윤동주가 백성언과의 만남을 통해 치안유지법을 위반했음을 지적하였는데, 백성언은 윤동주와 마찬가지로 도시샤대학 영문학과 학생이었으나, 왕신영이 도시샤대학 행정부서를 통해 건네받은 <1930~45 도시샤대학 유학한국인 학생명단>에 의하면 그의 주소지에 관한 간략 정보(白聖彦: 鐘路區 仁寺洞 236) 말고는 구체적인 사항이 알려진 바가 없다. 윤동주가 1943년 당시 소장하고 있던 『조선사개설』을 백성언에게 대여하여 조선사 연구에 노력하도록 하였다고 했는데, 그 『조선사개설』은 미시나 아키히데의 저술을 일컫는다(三品彰英, 1940). 윤동주가 소장했던 미시나 아키히데의 『조선사개설』은 식민사관·위축사관(정치사적 숙명론, 경제사적 정태론, 문화사적 패배주의론)에 입각한 저술이라는 점에서 그 판독과 해석에 크게 유의해야 할 책인데, 윤동주나 백성언이 이 책을 읽고 공부하면서 그러한 문제의식을 얼마나 엄밀하게 가다듬었는지는 알 길이 없다.

<윤동주 재판 판결문>과 <송몽규 재판 판결문>에 등장하는 인물이자, 송몽규가 윤동주에게 조선 독립을 위한 지도자상으로 예시했던 특별한 인물이 있다. 송몽규는 1943년 6월 하순 무렵, 다케다아파트에서 윤동주에게 우리도 인도의 독립운동가 찬드라 보스(Chandra Bose)와 같은 지도자 양성이 필요하며, 그렇다면 장차 일본의 전력이 떨어졌을 때 찬드라 보스와 같은 독립운동 지도자의 지도·안내를 받아 조선의 독립을 달성할 수 있을 것이라고 역설하였다. 그런데 그 찬드라 보스는 조선의 독립을 위한 지도자상으로 마땅한 인물이었을까. 와인버그(G. L. Weinberg)는 찬드라 보스의 인도 국민군에 대한 최초의 조사 내용을 언급하였다.

> 찬드라 보스의 인도 국민군은 일본군 기지에서 훈련을 받았는데, 일본은 그들에게 성노예로 납치된 수천 명의 젊은 조선인 여성들을 성적 위안물로 제공했다. 찬드라 보스의 인도 국민군에 대한 글을 쓴 사람 중에 그 문제에 대해 조사한 사람은 아직 없다. 이런 경험을 한 인도 국민군은 영국과는 다른 일본의 실체에 대해 깨달았을 것이다. 그리고 그들의 누이와 딸에게 어떤 운명이 기다리고 있는지도 눈치 챘을 것이다.(Weinberg, 2005)

송몽규의 판결문만 가지고 보면, 인도의 독립운동가 찬드라 보스는 한국의 독립운동을 위한 중요한 소재 인물이 될 수 있다고 인식했음을 알 수 있다. 하지만 인도에서 마하트마 간디(Mahatma Gandhi), 자와할랄 네루(Jawaharlal Nehru)와 함께 추앙받는 찬드라 보스는 도쿄전범재판에서 일본 전범들에 대해 무죄 판결을 냈던 판사 라다비노드 팔(Radhabinod Pal)이 존경했던 인물이기도 했다. 찬드라 보스는 1943년 11월 5일~6일에 도쿄에서 열린 친일 아시아제국회의(대동아회의=대동아선언)에 참석하여 "나는 일본의 신자유아시아 창건에 대한 사명이 십이분 완수되기를 바라는 바입니다(私ハ日本ノ新自由亞細亞創建ノ使命ガ十二分ニ完遂セラレンコトヲ所ル次第デアリマス)"라고 말했다(참고: "찬드라 보스"—더위키). 찬드라 보스나 라다비노드 팔의 행보를 통해 알 수 있듯이, 일본의 식민 지배 아래 고통 받고 있던 조선의 민족주의자들에게 대동아

공영권은 제국주의·군국주의를 정당화하는 전쟁·공멸의 이데올로기였지만, 친일 딱지로부터 자유로웠던 동남아시아의 민족주의자들에게 대동아공영권은 아시아민족해방이라는 평화·공존의 슬로건으로 통했으며 그들의 민족해방투쟁에 일본군은 든든한 파트너이기도 했다(참고: "도쿄의 인도 4인방"—네이버지식백과).[2]

교토지방검찰청은, 윤동주와 송몽규에 대해 치안유지법 제5조 위반 혐의, 그야말로 독립운동을 했다는 죄를 뒤집어씌우는 장면에서도 윤동주와 송몽규를 한데 묶지 않고 분리 재판을 받도록 기소 처분을 내렸다. 미즈노 나오키는 그 이유를, 윤동주와 송몽규를 동일한 기소장에 묶어 죄안을 다룰 경우 송몽규를 '주범'으로, 윤동주를 '종범'으로 분류함으로써 두 사람의 처벌 과정에서 형량의 차이가 생길 것을 우려한 때문이라고 보았다(미즈노 나오키,

---

2 1943년 11월 5일~6일에 도쿄에서 열린 친일 아시아제국회의(대동아회의=대동아선언)에는 일본의 도조 히데키(東條英機), 중국 친일 괴뢰정권의 왕자오밍(汪兆銘), 필리핀의 호세 파키아노 라우렐(José Paciano Laurel), 만주국의 장징후이(張景惠), 태국의 완 와이다야콘(Wan Waithayakon), 버마의 바 마우(Ba Maw), 자유인도 임시정부의 찬드라 보스(Chandra Bose)가 배석하였다. 친일 대동아선언인만큼 이들은 태평양전쟁의 완수, 공존공영, 독립친화, 전통존중, 경제협력, 인종차별철폐를 주장하고, 이른바 '대동아공동선언'을 통해 일본 제국주의·군국주의 세력의 동아시아와 동남아시아 확장을 도모하였다(참고: "대동아회의"—21세기 정치학대사전). 찬드라 보스는 1943년에 일본군이 인도를 향해 접근하자 일본의 힘을 빌어 인도를 해방시키고자 했다. 찬드라 보스의 눈에는 일본의 압박을 받는 조선과 중국은 들어오지 않았다.

2018). 특고경찰-교토검찰의 시선에서는 조선의 독립을 꿈꾸는 그 불온사상에 대해 경중을 가려서 처분을 달리하고 싶은 마음이 전혀 없었다. 조선어가 금지된 환경에서, 그것도 전쟁에 목숨을 걸고 일로매진해야 할 상황에서 조선어로 글을 쓰고 시를 쓰는 윤동주는 송몽규 못지않게 열렬한 민족의식의 소유자였고, 그런 그에게는 송몽규에 준하는 벌을 가해야 한다는 것이 그들의 입장이었다(미즈노 나오키, 2018).

윤동주-송몽규 조합에 의한 치안유지법 위반사항 못시않게 송몽규—고희욱 조합에 의한 치안유지법 위반사항 또한 문제시되었다. 당시 고희욱은 송몽규와 함께 하숙했으며, 윤동주가 체포되던 같은 날에 체포되었다.

> 1943년 여름. 일본 교토에서 시인 윤동주와 함께 검찰로 송치되었던 다른 두 사람은 송몽규와 고희욱이었다. 그런데 이들을 담당했던 에지마(江島) 검사는 고희욱을 2개월이나 지난 뒤에야 불러내어 경찰 조서 내용이 사실이냐는 것 외에는 거의 아무런 심문도 하지 않더니 자기가 제3고교 선배임을 슬쩍 비추고 심문을 끝냈다. 그리고 다음날 고희욱은 석방되었다. 윤동주와 송몽규는 후쿠오카형무소로 보내져 옥사했지만 고희욱이 만일 일본 검사와 같은 제3고 동창이 아니었다면 과연 이런 일이 가능했을까?(김우종, 2000)

윤동주, 송몽규와 마찬가지로 조선인학생 민족주의그룹사건의 관련 인물(공범-종범)로 특고경찰에 체포되어 수감되었던 고희욱은 에지마 다카시(江島孝) 검사의 학연에 따른 봐주기로 인해 약식 심문을 받고난 후 석방되었다. 에지마 다카시 검사는 고희욱이 자신의 제3고 후배라는 것을 알고 봐주기 약식 심문이라는 호의를 베푼 것이다. 윤동주-송몽규-고희욱의 운명, 삶과 죽음의 갈림길은 그렇게 방향이 달라질 수 있었다. 이를 달리 말하면, 윤동주와 송몽규도 제3고 출신이거나 재학생이었다면 에지마 다카시 검사는 이들에게도 고희욱처럼 내지는 그에 크게 벗어나지 않는 선에서 처벌했을 수도 있다. 어차피 이들에 대한 죄목도 없는 죄를 뒤집어씌운 것이기 때문이다.

제8장

후쿠오카형무소의 윤동주, 그리고 의문의 죽음

1. 교토제국대학 의학부의 생체실험 박사학위 수여 문제

전전·전중 일본의 전쟁의학범죄에 대한 논의를 위해서는, 2018년 4월에 조직된 <만주 제731부대 군의장교의 학위 수여 검증을 교토대학에 요구하는 모임>(滿洲第731部隊軍醫將校の學位授與の檢證を京大に求める會)의 활동 궤적에 주목할 필요가 있다. 위의 모임의 사무국장 겸 시가의과대학(滋賀醫科大學) 명예교수 니시야마 가츠오(西山勝夫)는 731부대 생체실험 관련자들이 교토대학에서 의학박사 학위를 받았으며, 그 중에는 731부대의 생체실험 결과를 활용한 논문도 있음을 밝힌 바 있다(西山勝夫, 2012a·b, 2013).

교토제국대학 의학부 수석졸업자였던 731부대 부대장 이시이 시로 군의중장(軍醫中將)은 생체실험이라는 범죄행위를 저지른 대표적인 인물이다. 731부대의 1945년 당시의 부대 구성은 군의관 52명, 기사 49명, 고용원 1275명, 위생병 1,117명이었다. 전후에는 교토부립의과대학장이 된 요시무라 히토시(吉村寿人), 이시이 시로 군의중장의 한쪽 팔이라고 불리던 마스다 도모사다(增田知貞)

군의대령(軍医大佐), 전후 녹십자를 설립한 나이토 료이치(內藤良一) 군의중령(軍医中佐) 등도 교토제국대학 의학부를 졸업했던 자들이다. 교토제국대학 출신 731부대 대원들은 전후에 의학계로 돌아와 가나자와대학 의학부장, 교토대학 의학부장 등을 지냈다. 전후에 교토대학 의학부장을 지낸 한 의학자는 인체 500구를 실험 재료로 삼아 해부했다고 밝힌 바 있다(京都新聞, 2020.2.1.).

731부대의 생체실험 자료를 바탕으로 작성한 논문에 대해서는 전중·전후에 교토대학이 중심이 되어 의학박사 학위를 수여함으로써, 반인도적인 전쟁의학범죄에 국가(문부성) 차원에서 묵인·은폐·기만행위를 자행했다는 것을 알 수 있다. 니시야마 가츠오는 교토대학 의학부 도서관에서 731부대에 가담했던 것으로 추정되는 42건의 극비 논문 목록을 발견했으며, 이 가운데 관동군 방역급수대 등 731부대임을 알 수 있는 소속 기관이 분명히 명시된 731부대 관련자 중 군의장교 14명과 기사 9명 등 모두 23명이 박사 학위를 받은 것으로 드러났다고 발표하였다(YTN, 2014.1.21.).

1945년 5월 31일, 만주 731부대의 히라사와 마사요시(平澤正欣) 육군군의관(소령)이 교토제국대학에 박사학위 신청 논문(<개벼룩의 페스트 매개능력에 대한 실험적 연구>)을 제출하였고, 그에 따라 1945년 9월 26일 교토제국대학에서 의학박사학위를 수여받았다(平澤正欣, 1945). 히라사와 마사요시의 해당 논문에는 원숭이에게 개벼룩을 옮긴 뒤 그로 인해 원숭이가 고통을 느끼는 과정이 상세히 기록되어 있는데, 페스트균에 감염된 그 원숭이는 두통, 고열, 식욕부진을 호소했다는 문제의 내용이 등장한다. 이 논문의 원숭이실험에서 원숭이가 사망하기까지의 체온 변화 과정(그래프)을 보면, 이는 상식적으로 원숭이실험이 아닌 인체실험이었다는 것을 금방 알 수 있다(好廣眞一·西山勝夫·宗川吉汪, 2019; 京都新聞, 2020.2.1.). 가나가와대학 교수 츠네이시 게이이치(常石敬一)도 원숭이의 표현력을 넘어선 구체성 높은 어투가 나열되는 것을 보면 이는 분명 원숭이라고 속이고 사람을 대상으로 생체실험을 한 것이라고 지적하였다(常石敬一, 1981, 1999). 원숭이의 평균체온은 사람보다 높아 39.4℃는 원숭이에게는 보통 체온이다. 이는 결국 사람을 실험재료로 삼아 생체실험을 했다는 사실을 은폐하다가 들통 난 꼴이다(第27回日本醫學會總會出展「戰爭と醫學」展實行委員會編, 2008). 니시야마 가츠오는 731부대 소속 군의관 의사들의 학위수여가 갖는 문제의 심각성을 다루었는바, 그 중에서도 생체실험 자료를 바탕으로 한 대표적인 의학박사학위로 히라사와 마사요시(平澤正欣)의 교토제국대학 의학박사(1945.9.26.), 가네코 쥰이치(金子順一)의 도쿄대학 의학박사(1949.1.10.), 이케다 나에오(池田苗夫)의 니가타대학 의학박사(1959.11.2.), 모노에 도시오(物江敏夫)의 경성제국대학 의학박사(1945.9.8.) 등을 들었다(15年戰争と日本の医学医療研究会編, 2016).

하지만, 교토대학은 2019년 3월 1일, 생체실험 의혹이 제기된 논문에 대해, 2018년 9월부터 진행된 예비조사를 끝으로 더 이상의 본조사를 진행하지 않는다는 거부 의사를 밝혔다. 거부 이유로는 "원숭이가 아니라고 할만한 합리적 이유가 없다"는 점, "실험 노트와 데이터가 남아있지 않아 향후 조사를 진행하기 어렵다"는 점을 들었다. <만주 제731부대 군의장교의 학위 수여 검증을 교토대학에 요구하는 모임>이 제기한 "원숭이가 두통을 호소하는 게 불가능하다"는 의혹에 대해서는 "저자가 어떻게 원숭이의 두통을 판단했는지 나와 있지는 않지만, 원숭이의 특정 행동이나 지표를 통해 두통을 판단한 것으로 추정된다"고 말했고, "원숭이의 체온이 5일 동안 39℃ 이상이었다"는 서술에 대해서는 "원숭이도 감염에 의해 체온이 39℃ 이상 상승할 수 있다"는 동문서답식 답변을 내놓았다(연합뉴스, 2019.3.5.).

도쿄재판(극동국제군사법정: 1946.5.~1948.11.)이 진행되는 동안 일본은 미국에 생체실험 자료를 제공하는 대가로 세균전 관계자에 대한 면책을 약속받았다. 미국의 입장에서는, 미소 냉전체제 하에서 생체실험 자료를 독점 입수하는 것이 미국의 국익 및 세계 전략과 일치하는 것이라고 보았다. 1947년 8월 1일, 미국은 일본의 전쟁범죄자들에 대해 면책을 추인하였다. 731부대가 자행한 생체실험 및 이에 따른 무기 개발 관련 기록은 『샌더스 리포트』(1945.11.1.), 『톰슨 리포트』(1947.5.31), 『펠 리포트』(1947.6.20.), 『힐 리포트』(1947.12.12.) 등 4개 보고서로 정리되어 미국으로 넘어간 후에 뒤늦게 기밀 해제되어 미국 국립도서관에서 열람할 수 있게 되었다. 『샌더스 리포트』와 『톰슨 리포트』에는 731부대의 인체실험 사항이 기재되어 있지 않지만, 『펠 리포트』와 『힐 리포트』에는 인체실험에 관한 사실이 기재되어 있다(松村高夫, 1947).

공교롭게도 교토대학 측이 예비조사(2018년 9월)를 끝으로 본조사(2019년 3월)를 거부했던 당시의 교토대학 총장은 영장류학(靈長類學)-원숭이학(サル学)을 전공·전문으로 하는 야마기와 쥬이치(山極寿一)였다(총장 재임: 2014.10.~2020.9.). 2018년 시점에서, 73년 전 교토제국대학이 세균무기 개발을 맡은 731부대 군의관에게 박사학위를 수여한 논문에 대해 충분히 합리적인 의문을 담은 문제제기를 두고, 이를 원숭이가 아니라고 할 만한 합리적 이유가 없다고 거부 표시를 분명히 한 것을 보면서 국가 권력 앞에 학문은 그렇게 형편 없는 모습으로 굴절되고 만다는 사실을 확인하게 된다. 일본학술회의의 의장을 역임하기도 했던 야마기와 쥬이치 교토대학 총장은 일본학술회의가 두 차례(1950, 1967)에 걸쳐 과거 일본의 과학자들이 전쟁에 가담했던 것에 대한 반성 차원에서 군사 목적을 위한 연구는 하지 않겠다는 성명을 냈다면서, 이를 일본이 전후 75년간 평화를 유지해 온 '독자적인 과학자 윤리'라고 치켜세운 바 있다(京都新聞, 2020.2.1.). 이처럼 일본학술회의의 과학자 윤리 관련 성명을 계승하는 입장을 취했던 야마기와 쥬이치도 731부대의 생체실험 자료를 바탕으로 한 박사학위 수여 문제, 그 대학발 조직범죄에 대해서는 팔이 안으로 굽는 비학술적 태도를 취했던 것이다.

교토제국대학 의학부를 모체로 삼아 설립된 것이 규슈제국대학 의학부였다는 사실, 교토제국대학 의학부 출신들이 731부대의 주축으로 활약했다는 사실을 놓고 보면, 특히 두 대학이 생체실험 범죄와 무관할 수 없는 자장에 놓여있었다고 말할 수 있다. 그 접점을 찾아가다보면, 당시의 후쿠오카형무소, 그리고 그곳에 수감 중이었던 윤동주와 송몽규의 의문의 죽음에 대한 설명 또한 모종의 연관성과 어떤 혐의를 갖는다고 말할 수 있다.

2. 규슈제국대학 의학부의 생체실험 대용혈액 개발 문제

1945년 당시 규슈제국대학에 근무했던 보조 의사 도노 도시오(東野利夫)는 미군 B29 폭격기 조종사를 대상으로 자행된 생체해부사건의 진상, 두고두고 일본의학사의 오점으로 남을 충격적인 장면에 대한 목격담을 공개하였다(東野利夫, 1979). 목격담은 1945년 5월 5일에 추락한 B29 폭격기 탑승 미군 11명 중 8명을 생포하여 포로수용소 대신 규슈제국대학 의학부로 보내 이들의 생체를 해부했다는 사실을 골자로 한다(1945년 5월~6월). 11명의 B29 폭격기 탑승 미군은 규슈비행장을 폭격하러 출동했다가 일본 가미카제 특공대의 공격을 받아 불시착했다. 미군 11명 중 2명은 주민에게 맞아죽고, 기장은 도쿄로 보내졌으며, 8명은 규슈제국대학으로 포박·압송되었다. 규슈제국대학 의학부에서 혈장 대용 생리식염수를 얻기 위한 생체실험이 진행되었다는 것은 합리적인 의심의 범주에 들고 말고의 문제가 아니라 이는 어김없는 팩트였다(遠藤周作, 1960/2018; 東野利夫, 1979; 上坂冬子, 1982, 2005; 熊野以素, 2015).

엔도 슈사쿠(遠藤周作)는 1945년 규슈제국대학 의학부에서 자행되었던 미군 B29 조종사 생체해부사건을 주제로 한 소설『바다와 독약』(海と毒薬,『문학계』 1957년 6·8·10월 연재)을 발표하고, 이를 1958년 4월에 문예춘추신사(文藝春秋新社)에서 출판하였다(遠藤周作, 1960/2018). 엔도 슈사쿠의『바다와 독약』은 1950년대 말 원작 출판, 1969년 각본 완성, 1986년 영화 개봉으로 이어졌으나, 영화는 일본 우익의 공격과 극장 난입으로 일본 내 흥행은 실패했다. 2015년 규슈대학은 70년 전(1945년)의 규슈제국대학 의학부에서 자행된 잔학무도한 생체실험에 대해 반성의 포즈를 취하였다(조선일보, 2015.4.6.). 그런데 엔도 슈사쿠의『바다와 독약』이 일찌감치 공개되지 않았더라면 과연 그들의 범죄사실을 토로하고 반성하는 후속작업이 계속되었을까를 생각해볼 일이다. 도노 도시오의 목격담도 엔도 슈사쿠의『바다와 독약』에서 공개한 사실을 재기술한 것이나 다름없는 것이었다. 도노 도시오의 목격담(東野利夫, 1979) 이래, 그로부터 36년 지난 시점에서『동아일보』인터뷰가 진행되었다(동아일보, 2015.8.20.).

① "해부 실습실 바닥 흥건한 피를 내 손으로 닦아내던 기억이 지금도 생생하다. 살충제와 섞어 모기약으로 쓰겠다면서 피를 챙기던 일본 군의(軍醫)의 눈동자는 인간의

것이 아니었다. 흡혈귀의 것이었다."

② "수술대에 눕혀진 포로들에게 마취가 진행됐고 옷이 벗겨졌다. 팔에 꽂은 주사기를 통해 투명한 액체가 몸속으로 흘러 들어갔다.……나중에야 그게 바닷물이었으며 혈액 대용으로 주입됐다는 걸 알았다."

③ "그 다음 광경은 더 끔찍했다. 포로 몸에서 장기가 하나씩 적출되는 것이 아닌가. 지켜보고 있던 일본 군인 한 명이 갑자기 "이놈은 일본을 무차별 폭격했다. 총살을 당해야 할 놈이란 말이다"라고 외쳐댔다. 자신들이 저지르고 있는 일이 합당한 일이라는 변명이었다."

④ "해부를 마친 뒤 일본 군의는 간(肝)과 피를 챙겼다. 간은 연구에 쓴다고 했고 피는 살충제와 섞어 당시 공포의 대상이었던 '난징(南京) 모기'를 잡겠다고 했다."

⑤ "8명은 대체혈액 개발 등의 실험을 진행 중이던 이시야마 후쿠지로(石山福二郎) 교수가 있는 규슈대로 보내진 것이었다."

⑥ "당시 이시야마 교수는 하루빨리 바닷물을 이용해 대체혈액을 만들라는 군의 압력에 시달리고 있었다.……너무도 어처구니없는 일이었지만 군의 권위에 아무도 도전할 수 없었다. 전쟁은 그렇게 사람을 미치게 만든다."

엔도 슈사쿠(1957)와 도노 도시오(1979)에 의해 공개된 규슈제국대학 의학부의 미군 생체실험 만행은 너무도 명백한 증거가 오래전에 확인되었고, 그것도 미국과 관련된 문제였기에 이에 대해 일본은 반성하는 포즈를 취할 수밖에 없었을 것이다. 규슈대학은 이 일이 있은 지 70년 만에 반성을 공식화하였다. 그 반성의 양태는 "이 끔찍한 짓을 우리가 했습니다", "미군 생체실험 규슈의대의 반성", "동창회 기부로 역사관 짓고 만행 내용 담은 전시물 비치" 등으로 나타났다(조선일보, 2015.4.6.)

> "미군 포로가 눈이 가려진 채 떨면서 수술대에 올랐다. 도대체 어떻게 되는지 몰라 정신이 하나도 없었다." 1945년 5월 17일 일본 규슈대학 의학부 해부실습실에서 미군 포로 8명이 생체 실험 당하는 장면을 지켜본 일본인 의대생이 지난달 자신을 찾아온 마이니치신문 취재팀에 고통스럽게 털어놓은 목격담이다. 당시 19세였던 의대생은 89세 노인이 된 지금도 자기 앞에서 미군 포로들이 죽어간 모습을 생생하게 기억했다. 산 채로 한쪽 폐를 적출당한 포로도 있고, 혈관에 바닷물을 주입당한 포로도 있었다. 모두 죽었다. 노인은 마이니치 기자에게 "당시 대학은 군에 거역하지 못했다"면서……노인은 (이름) "전쟁이 만든 광기였다"고 했다. 규슈대 의학부가 뒤늦게나마 이 같은 전쟁 중의 만행을 속죄하기 시작했다. 규슈대 의학부는 지난 4일(2015.4.4.) 캠퍼스 안에 의학역사관을 새로 열면서 2차 대전 막바지에 벌어

진 미군 포로 생체 해부 사건 경위를 상세하게 기록한 전시 물을 비치했다고 일본 교도통신이 보도했다.

전쟁이 끝나고 대학과 군 관계자 30여 명이 기소돼 5명에게 사형, 18명에게 9~25년형이 선고되었다. 집도의 이시야마 후쿠지로는 감옥에서 자살했다. 일본 3대 의과대학 중의 한 곳으로 꼽히는 규슈대학은 2015년 4월 의학역사관을 개관하면서 생체해부 사건과 관련한 과거사를 공개하고 그 경위를 설명하는 패널을 전시하였다(동아일보, 2015.8.20.). 그렇다면 "이 끔찍한 짓"을 "우리가 했다"면서도 그 반성이 70년 지난 시점에서, 그것도 미군 포로 8명을 상대로 한 생체실험 범죄행위에 한하여 반성의 포즈를 취한 것을 어떻게 볼 것인가. 731부대를 중심으로 자행된 수많은 살육과 생체실험 범죄에 대해서는 묵인·함구하면서 미군 포로 8명을 대상으로 한 생체실험 범죄행위만을 국부적으로 드러내어 반성하는 태도를 취하는 것도 이상한 일이지만, 그마저도 1945년 사건 발생 이래 적어도 엔도 슈사쿠의 시점(1957)에서, 그것도 아니라면 도노 도시오의 시점(1979)에서 반성의 목소리가 나왔어야 했건만 그들은 그렇게 하지 않았다. 이에 대한 엄밀한 점검을 거쳐야만 규슈제국대학 옆 후쿠오카형무소에서 일어난 윤동주와 송몽규의 죽음의 실체에 더욱 가까이 다가갈 수 있을 것이다. 이러한 인식과 대응의 전체성을 간과한 채 단지 증거·증언 자료가 없기에 윤동주의 생체실험 사망설을 발설하는 것은 성급한 일이라는 일각의 훈수는 문제 상황에 대한 합리적 질문이 될 수도 없고, 응당 그 질문에 대한 답변의 성실성과 정직성을 기대할 수도 없는 일이다.

731부대 입대·지원 의사들은 생체실험을 매력으로 여기는 자들이었고, 그들의 정체성은 한마디로 '사무라이의사들'이라고 규정할 수 있다. 규슈제국대학 의학부의 모체대학이 교토제국대학 의학부였다는 점을 감안한다면, 그리고 규슈제국대학 의학부와 후쿠오카형무소의 긴밀한 연결시스템에 유의한다면, 규슈제국대학 의학부의 1945년 5월 17일의 생체해부사건을 설명하는 장면에는 교토제국대학 의학부-규슈제국대학 의학부-(이시이 시로 중장의) 731부대 (군의장교들의 마루타실험)-후쿠오카형무소로 이어지는 생체실험 네트워크를 상정해 볼 수 있다(박균섭, 2019). 이를 감안하는 가운데 규슈제국대학 의학부와 후쿠오카형무소의 수상한 연계 속의 사망자 통계 추이와 윤동주-송몽규의 의문의 죽음에 관한 비판적 검토 및 연계 논의가 필요하다고 하겠다.

일본 형무소의 역사를 간략 점검하자면, 일본은 메이지시대 이래 형무소 수감자들에게 잔학·고통을 바탕으로 하는 고역징계주의(苦役懲戒主義)와 형무소 안에서 일어나는 일에 대해서는 비밀로 한다는 행형밀행주의(行刑密行主義)가 적용되어왔다(菊田幸一, 2002). 이는 윤동주의 후쿠오카형무소 수감생활이 어떤 성격을 갖는지를 대략 짚어보는 의미가 있다. 다고 기치로는 윤동주의 생체실험 사망설에 대한 검토 기준으로 ① 윤동주의 시신을 규슈제국대학 해부용으로 제공하겠다는 전보 내용을 비롯한 윤영춘의 회상, ② 형무소 내의 '질서'와 빠져나갈 구멍이 된 규슈제국대학 의학부, ③ 후쿠오카형무소 병동 잡역부가 최도균에게 들려준 "조선인을 매일 몇 명인가 죽이고 있다. 너도 언제 죽을지 모른다"는 소름끼치는 전언, ④ 송몽규가 교도관의 눈을 피해 짧게 조선어로 말했다는 '이름 모를 주사' 관련 증언을 통해 유추되는 생체실험 가능성, ⑤ 1945년 5~6월, 규슈제국대학 의학부에서 자행된 미군 병사 8명을 대상으로 한 바닷물 이용 대체혈액 개발을 위한 생체실험 등을 제시하였다(多胡吉郎, 2017).

①과 ③과 ④는 보다 구체성을 띠는 방식으로, 그리고 ②와 ⑤는 보다 큰 틀의 접근 방식으로 윤동주의 생체실험 사망설을 뒷받침하는 근거로 작용한다고 말할 수 있다. 하지만 다고 기치로는 ①~⑤ 어느 것도 윤동주의 의문의 죽음을 증빙할 수 없다고 말하고, 특히 ②를 언급하면서 형무소 내에서 어떤 불상사와 범죄 행위가 있었다면 여러 통로와 계기를 통해 그 사실이 약간이라도 탄로가 났을 텐데 그런 것은 없고, 그저 송몽규의 증언(④)만이 과잉 대표되면서 상황을 엉킨 실처럼 만들고 말았다고 주장하였다(多胡吉郎, 2017). 다고 기치로는 이처럼 ①~⑤를 제시하면서 윤동주의 의문의 죽음을 증명할 수 있는 것은 사실상 없다는 방향으로 다소 의외의, 성급한 결론을 내렸다는 사실에 유의할 필요가 있다.

다고 기치로는 후쿠오카형무소 사망자의 시신이 규슈제국대학 의학부 해부용으로 제공된 것도 '통상의 관례'였으며, 그 일련의 절차와 일의 순서에 비추어 볼 때 윤동주의 시신 관련 문제 역시 "조금의 변칙적인 점도 없다"는 점을 지적하였다(多胡吉郎, 2017). 다고 기치로는 양인현의 투약실험, 김헌술의 주사참가 등을 후쿠오카형무소 내에서 일어난 일임을 확인하면서도(多胡吉郎, 2017), 이를 후쿠오카형무소의 '질서'를 깨는 문제라고 여기지 않는 선에서 규슈대학 의학부에 대해 '빠져나갈 구멍'을 만들어준 셈이다. 이를 과연 질서의 개념으로 설명할 수 있을까. 다고 기치로의 의견은, 메이지시대 이래 일본 형무소에서 수감자를 대하는 2대 방식, 고역징계주의와 행형밀행주의에 대해 정밀한 인식과 대응을 보여주지 못했다는 한계를 갖는다. 다고 기치로는 애초부터 윤동주의 생체실험 사망설을 기각 대상으로 삼았을 가능성이 높다는 사실을 확인하는 선에서 그에 대한 얘기를 접어야 할 것 같다.

3. 생체실험 네트워크, 그리고 윤동주와 송몽규의 죽음

윤동주의 후쿠오카형무소 수감생활과 그 과정에서 일어난 의문의 죽음에 대한 검토를 위해 우선 군국주의 일본의 생체실험 범죄에 대한 인식 일반에 주목할 일이다. 당시 규슈제국대학 의학부에서는 잔인한 생체실험이 자행되었으며 그 실험에는 후쿠오카형무소 수감자들이 활용되었을 가능성이 높다는 합리적인 의심은 일찍부터 제기되어 왔다. 일본 특유의 문화론과 기세론, 일본 형무소 내의 고역징계주의와 행형밀행주의, 그리고 생체실험 네트워크에 주목할 때, 어느 모로 보나 그들이 후쿠오카형무소 수감자들을 곱게 다뤘을 가능성은 없다. 그런데도 다고 기치로처럼 형무소의 질서에 주목하고 그 균열 없음을 강조하면서 후쿠오카형무소 수감자 윤동주에게 의문의 죽음은 없었다고 단정하듯 말하는 것은, 관련 정황에 대한 전체적인 판독이 잘못되었을 가능성이 높다.

외솔회(1976)는 당시 윤동주·송몽규를 비롯한 후쿠오카형무소에서 복역 중인 50여 명의 한국 학생들은 형무소의 시약실(施藥室)에서 성분을 알 수 없는 이름 모를 주사를 자주 맞았으며, 되풀이되는 잔혹한 고문과 체형, 주사제 주입에 시달렸다는 사실을 적시하였다. 윤동주는 1945년 2월 16일, 쇠약해질 대로 쇠약해진 몸 상태에서 외마디 소리를 지르면서 의문의 죽음을 당했다. 규슈제국대학 의학부에서는 해부용으로 쓰기 위해 윤동주의 시신에 방부제를 사용하였다. 윤동주와 송몽규의 죽음이 19일 상간으로 일어난 것도 생체실험설을 뒷받침한다. 일본의 『전시행형실록』에는 후쿠오카형무소에서 1943년 64명, 1944년 131명, 그리고 1945년에는 259명이 사망했다는 통계가 남아있는바, 이는 어떤 해석이든 후쿠오카형무소 수감자들의 죽음이 의문시될 수밖에 없음을 보여준다(참고: "후쿠오카형무소"—세계한민족문화대전).

고노 에이지(鴻農映二)는, 『현대문학』 1980년 10월호 기고문에서, 1948년의 미국국립문서보관소(NARA: National Archives and Records Administration) 기밀해제 문서[731부대 관련자들로부터 획득한 생체실험 자료: 『펠 리포트』(1947.6.20.), 『힐 리포트』(1947.12.12.)]인 일본 전범재판 관련 문서를 통해 윤동주와 송몽규가 혈액대체실험을 위한 실험재료로 쓰이는 과정에서 사실상 살해당했다는 글을 기고함으로써 큰 충격과 파장을 남겼다(고노 에이지, 1980). 하지만 고노 에이지가 발표한 1980년 10월의, 그 충격적인 얘기란, 엔도 슈사쿠의 『바다와 독약』(1957)에서 이미 공개된 것이기에, 1980년 이후의 시점에서 큰 충격과 파장을 남겼다고 말하는 것은 너무도 뒤늦은 충격, 뜬금없는 충격, 충격성을 벗어난 충격이라고 말할 수 있다.

고노 에이지는 "1945년 2월 16일 동주 사망", "이름 모를 주사", "규슈제국대학에 해부용으로 제공함" 등과 같은 말에 주목하였고, 그 과정에서 1945년 5월~6월에 발생했던 규슈제국대학의 생체해부사건을 떠올렸다. 고노 에이지는 1945년 5월부터 6월까지의 규슈제국대학 의학부에서 B29의 탑승원 8명이 생체해부당한 사건은 윤동주가 죽고 나서 얼마 안 되는 3개월 후의 일이고 송몽규 사망 2개월 후에 생긴 일이라는 점에 주목하였다. 규슈제국대학의 생체해부사건 관련 재판은 1948년 3월 11일에 시작하여 8월 27일에 판결이 나왔다. 관계자 30명 중 5명이 교수형, 4명이 종신형, 그밖에 죄가 가벼운 사람의 경우는 중노동 3년이 내려졌다. 이들은 자살한 한사람을 빼고 다 복역 중에 1950년에 감형이 됐으며, 사형에 처해진 사람은 한 사람도 없었다. 규슈제국대학 의학부 제일외과부장 이시야마 후쿠지로(石山福次郎)는 1946년 10월 16일에 자살했는데, 그는 죽기 전에 생체해부에 관한 서류를 다 말소했다. 결국 B29의 탑승원 8명의 죽음에 대한 실체를 제대로 파악할 수 있는 기초자료는 사라진 셈이다. 고노 에이지는 이러한 정황을 놓고 볼 때, 규슈제국대학 의학부 생체해부사건과 윤동주의 죽음은 상관없는 일일 수 없다고 보았다.

> 나는 다음과 같이 생각한다. 즉 생체해부처럼 큰 일이 아무 기초자료도 없이 할 수 있는 것인가? 아니다. 이시야마 후쿠지로는 윤동주란 한국학생에게 먼저 생체실험하고 그 기초자료를 참고로 하면서 생체해부했다. "규슈제대에 해부용으로 제공함"이라는 말은 그것을 증명하지 않을까. 내 생각이 틀림없다면 윤동주가 맞고 있었던 주사는 생리적 식염수였던 것이다.……그 당시의 시간과 공간은 그것을 암시한다.……생체해부의 목적의 하나는 혈장(血漿) 대신 식염수 주사가 가능한가를 알리는 것이었다. 이것은 전쟁의학에 꼭 필요한 것이었다.……나는 이 고찰이 잘못한 고찰이라면 기쁘게 생각한다. 그리고 그것을 증명하는 관계자의 발언과 자료가 발표되면 훨씬 더 기쁘게 생각하겠다.(고노 에이지, 1980)

고노 에이지는 윤동주의 의문의 죽음에 대해 후쿠오카형무소발 "1945년 2월 16일 동주 사망", "(송몽규가 발설했던) 이름 모를 주사(를 맞느라고 피골이 상접)", "(윤동주의 시신을) 규슈제대에 해부용으로 제공함" 등의 표현에 주목하였다. 윤동주의 죽음과 규슈제국대학 의학부 생체해부사건은 시간적·공간적 일치성에 비추어 볼 때 별개의 사건으로 보기 어렵다는 지적이었다(고노 에이지, 1980).[1]

고노 에이지의 충격적인 발언(1980)은 엔도 슈사쿠의 『바다와 독약』(1957), 도노 도시오의 『오명: 규슈제대 생체해부사건의 진상』(1979)에 이어 나온 발언이었음에도 불구하고, 이 글을 접한 많은 사람들은 그 내용이 너무도 충격적이었다는 반응을 보였다. 그 충격은 또 그렇게 넘어간다. 공식적인 기사를 통해 마주하는 장면은 1957년(엔도 슈사쿠)도 아니고, 1979년(도노 도시오)도 아니고, 그

---

1 사실상 윤동주가 생체실험으로 희생된 게 아니라는 입장을 취했던 다고 기치로는 오히려 윤동주의 죽음(1945.2.16.)과 규슈제국대학 의학부 생체해부사건(1945.5.5.)의 시기상의 불일치를 내세우고 도노 도시오의 의견을 덧붙여 윤동주 생체실험 사망설의 시기상조론을 제시하였다. 하지만 도노 도시오의 증언에 의하면, 당시 생체해부사건의 집도의였던 이시야마 후쿠지로 교수는 일찍부터 하루빨리 바닷물을 이용해 대체 혈액을 만들라는 군의 압력에 시달리고 있었다(동아일보, 2015.8.20.). 만약 대용혈액 개발 논의가 10만 명 안팎의 민간인이 사망하고 100만 명 이상의 이재민을 냈다는 1945년 3월 9일-10일 사이의 도쿄대공습 시점으로부터 시작된 것이라고만 얘기한다면, 그것은 일본에 의한 전쟁의학 범죄, 그 생리를 제대로 포착하지 못했다는 얘기가 될 것이다.

로부터 먼 훗날인 2015년(규슈대 의학부의 국부적 반성)에 나왔다. 그들은 15년 전쟁 이래의 비인도적인 인체실험, 생체해부라는 전쟁범죄를 저질러놓고도 아직까지 문제에 대한 검증도 반성도 없다. 굳이 찾아내자면, 1951년 일본의사회가 세계의사회 가입 조건을 갖추기 위해 행한 성명이 유일한 언급이었고, 그것은 진정한 반성이라고 말할 수 없다(제27회일본의학회 총회출전전쟁과의학전 실행위원회 편, 2008).

다고 기치로는, 1943년 봄부터 1944년 가을까지 후쿠오카형무소 북3사(치안유지법 위반자를 수용하는 독방 전용 감옥)에 수감되었던 양인현과 김헌술의 경우 규슈제국대학 의학부 조교수가 후쿠오카형무소에서 실시한 의학실험(약물 투입, 주사액 주입을 통한 인체실험)에 참가한 것은 분명하며, 특히 양인현은 실험을 이끈 의사가 규슈제국대학 의학부 조교수였다는 사실과, 그 실험은 가미카제특공대를 위한 약물 개발을 목표로 한 것이라는 사실을 선명하게 기억해냈다고 언급하였다. 그러면서 후쿠오카형무소에서는 교도관들을 포함해 후쿠오카형무소 전체가 그 상세한 내용을 모른 채 그러한 의학실험이 은밀히 진행되었음을 지적하였다(多胡吉郎, 2017). 그렇다면 그 의학실험이 과연 후쿠오카형무소 수감자 양인현과 김헌술 정도에 한하여 이루어졌다고 말할 수 있는 것인지, 만약 그랬다면 그것이 오히려 더 이상한 일일 수도 있다는 것을 지적할 수 있다.

다고 기치로는 규슈제국대학 의학부의 바닷물을 이용한 대용

혈액 관련 생체실험 과정에서 보조 의사였던 도노 도시오의 경험을 인용하면서, 이를 근거로 삼아 윤동주의 죽음은 생체실험과 사실상 무관하다는 쪽으로 단정하였다. 다고 기치로가 윤동주의 의문의 죽음이 생체실험과 무관하다고 확신한 배경에는 1945년 규슈제국대학 의학부에서 자행된 생체실험의 현장 목격자 도노 도시오가 (윤동주-송몽규 등의) 생체실험 사망설을 일축했다는 사실이 자리잡고 있다.

> 도노 도시오에 의하면, 당시 대용혈액의 필요성이 인식된 것은 미군의 본토 공습으로 일반인이 다수 사상했기 때문인데, 구체적으로는 하룻밤에 8만 명에서 10만 명 정도 추정되는 사망자를 낸 1945년 3월 10일의 도쿄 대공습 이후 갑자기 그 연구가 매우 시급한 과제가 되었다. 윤동주가 세상을 떠난 것은 1945년 2월 16일이므로 그런 실험이 요청되는 상황에는 아직 이르지 않았다는 것이 그의 견해다.……공습에 따른 피해의 확대와 대용 혈액을 연결시켜 생각하는 한, 도노 도시오가 말한 바와 같이 윤동주의 사망 시기에는 그것이 '시기상조'라 할 수 있을 것이다. 나는 1994년에 취재를 시작한 지 얼마 지나지 않아 도노 도시오에게 연락해 당시 규슈대 의학부의 상황을 직접 파악했는데, 분명한 양심에 따라 역사적 책임을 다하고자 노력하는 그의 입으로 명확하게 부정적인 견해를 들었기에 대용 혈

액에 관한 방향으로는 더 이상 취재를 시도하지 않았다.(多胡吉郎, 2017)

다고 기치로는 도노 도시오가 규슈제국대학 의학부에서 자행된 8명의 미군에 대한 생체실험과 대용혈액 실험을 목도했던 인물이라는 점에 주목했지만, 그렇다고 해서 도노 도시오가 후쿠오카형무소 수감 중에 의문의 죽음을 당한 윤동주나 송몽규의 죽음에 대한 설명력을 갖춘 인물이라고 말하기는 어렵다. 그리고 생체실험이라는 것이 도노 도시오의 목격담(미군 8명에 대한 생체실험) 말고도 731부대식의 여러 유형의 충격적인 생체실험이 자행되었으며, 그 관련 사항은 일본 특유의 거대한 침묵체계(김수경, 2009)로 인해 구체적이고도 명확한 얘기를 확인할 수 있는 상황에 있지 않았다. 731부대 발 생체실험이라는 전쟁의학범죄의 특성을 감안한다면 도노 도시오에게 윤동주 생체실험 사망설에 대해 묻는 것은 그리 타당한 일이라고 보기 어렵다. 도노 도시오의 입장에서 보면, 그 질문에 대한 답변이 갖는 파괴력이 워낙 큰 것이기에 그 관련 근거나 정보를 갖추지 못한 상황에서 어떤 단정적인 답변을 내놓기는 어려웠을 것이다. 도노 도시오가 규슈제국대학 의학부에서 자행된 생체실험에 대한 목격자라고 해서 바로 그에게 당시 후쿠오카형무소에 수감 중이었던 윤동주가 생체실험에 의한 사망자였는가 아닌가에 대해 묻는 것은, 질문 자체가 정교한 설계에 따른 것이라고 보기 어렵다. 다고 기치로(多胡吉郎, 2017)는 도노 도시오를 취재하면서 알게 된 사실로, 한국의 윤동주 연구자/언론도 규슈제국대학 의학부의 미군에 대한 생체실험 사망사건의 소용돌이 속에 있었던 도노 도시오의 귀중한 증언을 몇 차례 취재해놓고도 그 증언이 윤동주의 인체실험 사망설을 가리키지 않는다고 하여 이를 공표하지 않은 점을 비판하였다. 다고 기치로는, 분명한 양심에 따라 역사적 책임을 갖고 윤동주 생체실험 사망설을 사실상 부인한 도노 도시오의 견해를 애써 외면하는듯한 한국측의 논자들을 오히려 문제삼은 것이다.

윤동주가 의문의 죽음을 당하고 송몽규도 19일 후에 의문의 죽음을 당한 상황, 그 절체절명의 상황이야말로 당시 후쿠오카형무소에서 어떤 일이 벌어졌는가를 단적으로 보여준다고 하겠다. 후쿠오카형무소에서는 아우슈비츠에서와 같은 형태의 학살행위가 노골적으로 자행된 게 아니라 의문사로 간주될 수밖에 없는 일들이 은밀한 형태로 자행되었다고 말할 수 있다. 정작 다고 기치로 스스로도 후쿠오카형무소의 질서를 언급하면서도, 수면 아래에서 은밀하게 악행이 저질러졌을 가능성이 있다고 말하지 않았던가. 다고 기치로는, 도노 도시오의 증언에 대해서는 시기상조론을 내세워 윤동주의 생체실험 가능성을 사실상 부정하면서도, 가미카제특공대 투약실험에 대해서는 연구의 선구성과 연구자의 직관을 내세워 파급력 약한 수준의 생체실험 가능성을 사실상 인정하는 이중적 관점을 드러냈다. 도노 도시오에게 묻고, 도노 도시오가 그 가능성을 단정적으로 부인했다고 하여 대용혈액에 관한 방향의 취재는 더 이상 하지 않았다? 이는 군국주의 일본의 전쟁범죄에 대한 일본인 기형론·기세론적 해석과 그 역학에 대한 정밀한 판단이 작동하지 못한 한계를 드러낸 것이라고 말할 수 있다.

고역징계주의와 행형밀행주의, 증거 인멸·증언 거부를 특징으로 하는 당시 형무소 관련 문제를 놓고 볼 때, 윤동주의 의문의 죽음과 연이은 송몽규의 의문의 죽음을 대하는 그들의 무반성·무책임의 행태는, 일본문화론·일본인기형론·일본인기세론에 대한 문화인류학적 검토 대상이라는 지적에 유의하면서, 본질을 포착하는 방법을 강구해야 할 것이다. 그 방법을 찾기 위해 우리는 731부대-교토제국대학 의학부-규슈제국제학 의학부-후쿠오카형무소로 이어지는 생체실험 네트워크에 대한 보다 면밀한 논점을 확보할 필요가 있다(박균섭, 2019). 교토제국대학 의학부를 출신 배경으로 삼아 조직·편성된 731부대의 전쟁의학범죄, 교토제국대학 의학부를 모체대학으로 삼아 건립된 규슈제국대학 의학부의 끔찍한 생체실험 범죄, 그리고 규슈제국대학 의학부와 후쿠오카형무소 간의 수감자·사자 처리 시스템에 대한 논의를 제대로 이어갈 수 있어야 한다. 이시이 시로의 731부대를 필두로 한 생체실험 범죄행위는 일본 사무라이의사들에 의해 구조적·대대적으로 전개된 면을 감안하지 않으면 안 되며, 그 차원에서 생체실험 네트워크를 설정하자면, 그것은 731부대-교토제국대학 의학부-규슈제국대학 의학부-후쿠오카형무소로 이어지는 연결망을 갖는다고 말할 수 있다(박균섭, 2019).

윤동주는 1944년 3월 31일 교토지방재판소에서 미결구류일수 120일을 산입한 징역 2년을 선고 받고 후쿠오카형무소에 수감되었다. 후쿠오카형무소는 후쿠오카교정관구(福岡矯正管區)의 10개 형무소 중에서 외국인-범죄자, 특히 독립운동 관련자를 수용했던 악명 높은 형무소였다(菊田幸一, 2002).[2] 신체 건강·건장했던 윤동주는 1945년 2월 16일, 해방을 6개월, 만기 출소를 9개월 반 앞둔 시점에서 의문의 죽음을 맞았다.

2 일본의 후쿠오카교정관구에는 10개의 형무소가 있다[① 기타큐슈의료형무소(北九州醫療刑務所), ② 후쿠오카형무소(福岡刑務所), ③ 후모토형무소(麓刑務所), ④ 사세보형무소(佐世保刑務所), ⑤ 나가사키형무소(長崎刑務所), ⑥ 구마모토형무소(熊本刑務所), ⑥ 오이타형무소(大分刑務所), ⑦ 가고시마형무소(鹿兒島刑務所), ⑧ 미야자키형무소(宮崎刑務所), ⑨ 오키나와형무소(沖縄刑務所)]. 이들 10개 형무소 중에서 오키나와형무소를 제외한 9개 형무소가 한국에 가까운 규슈지방에 있다. 규슈지방의 9개 형무소 중에서 후쿠오카형무소는 처우상 고려가 필요한 외국인[F級], 범죄성향을 계속 지닌 자[B級], 신체질환·장애가 있는 자[P級] 등을 분류 수용하였다(菊田幸一, 2002). 위의 분류법에 따르면 윤동주와 송몽규는 F·B급으로 분류되었기에 다른 형무소가 아닌 후쿠오카형무소에 수감될 수밖에 없었다.

<사진 5> 1945년 윤동주의 장례식 사진(1945.3.6.)

1945년 2월 16일 윤동주가 후쿠오카형무소에서 의문의 죽음을 맞은 이후 가족들은 그의 유해를 수습하여 고향 마을에서 장례식을 치렀다. 연희전문학교 졸업 앨범 사진이 그만 장례식의 영정사진이 되고 말았다. 연희전문학교 학생시절에 지은 시 「새로운 길」과 「우물 속의 자상화」가 추모시로 낭독되었다. 사진을 바라보는 입장에서, 영정을 기준으로 오른쪽은 가족들이고 왼쪽 첫 번째가 장례식을 집전한 문재린 목사이다. 윤동주의 장례식이 치러진 바로 다음날 송몽규도 의문의 죽음을 당했다. 윤동주와 송몽규 두 사람의 삶과 죽음의 궤적은 그렇게 가까운 거리에서 그려졌다. 그들의 무덤도 4~5m 거리를 두고 만들어졌다. 사진 제공: 연세대학교 윤동주기념관.

윤동주를 생명의 시인으로 내세웠던 다고 기치로는 윤동주가 후쿠오카형무소에 갇혔던 무렵 일본 전역의 형무소 내 식량 사정이 매우 나빴고, 그 결과 사망자 수가 급증했다면서, 송몽규의 증언 및 송우혜의 『윤동주평전』 이래의 생체실험 사망설은 근거가 희박하다고 주장하였다(多胡吉郎, 2017). 하지만 당시 후쿠오카형무소에서 벌어진 투약 및 주사에 관한 증언과 정황 근거가 엄연한 만큼 이를 식량 사정 운운으로 본질을 흐리는 접근법은 정직한 형용이라고 말하기 어렵다. 윤동주와 송몽규의 죽음을 놓고 식량사정 운운한다는 것은 결국 두 사람을 포함한 후쿠오카형무소 재소자들 대부분이 굶어죽도록 방치했다는 얘기인데, 그랬다면 이 또한 살인범죄인 것은 엄연한 사실이다. 윤동주의 죽음(1945.2.16.)과 송몽규의 죽음(1945.3.7.)에 관한 어떤 정황 근거를 놓고 보더라도 식량사정 인과설은 설득력도 떨어지고 채택률도 낮은 주장일 뿐이다.

송우혜(2004)는 이부키 고가 『전시행형실록』(矯正協會, 1966)을 바탕으로 제시한 형무소별 사망자수 조사(1943~1946.1.), 그 중에서도 후쿠오카형무소 재소자 사망 통계 추이(1943년: 64명, 1944년: 131명, 1945년: 259명)에 주목하였다. 1945년의 259명 중에는 응당 윤동주와 송몽규도 들어있을 것이다. 송우혜는 재소자 사망률이 이처럼 해마다 두 배씩 증가하고 전쟁말기인 1945년에 259명이나 사망한 것은 후쿠오카형무소에서 재소자들을 상대로 한 생체실험이 대대적으로 자행되었을 것이라는 심증을 굳히는 통계수치라고 보았다. 다고 기치로를 비롯한 일각에서는 이러한 주장에 반대하지만, 731부대-교토제국대학 의학부-규슈제국대학 의학부-후쿠오카형무소로 이어지는 생체실험 네트워크 앞에서 무엇을 상상하든 상상 이상의 전쟁의학 범죄, 생체실험 범죄가 자행된 마당에서 유독 후쿠오카형무소에서, 윤동주와 송몽규의 경우에는 그들의 생명과 인권을 존중했을 것이라고 상상하기는 어렵다. 그런데 1945년 2월 16일 윤동주의 의문의 죽음, 그리고 19일 후인 3월

7일 송몽규의 의문의 죽음이 발생했던 것이다. 이 의혹투성이의 죽음에 대해 이를 쉽게 괄호 처리하고 넘어가려는 접근법은 결코 온당한 일이라고 말할 수 없다.[3]

1988년 KBS1 3·1절 특집 <민족시인 윤동주>(KBS1, 1988.3.1.)에서는, 제작진들이 일본에 가서 시모가모경찰서와 후쿠오카형무소 등의 관계자들을 찾아 인터뷰를 하려 했으나, 1945년 당시 에지마 다카시(江島孝) 교토지방검찰정 검사를 비롯한 전직 후쿠오카형무소 간수 등은 한결 같이 기록이 없다, 기억이 안 난다는 식

---

3 송우혜는 후쿠오카형무소 재소자 사망 통계 추이(1943년: 64명, 1944년: 131명, 1945년: 259명)에 대해 1943년보다 1945년의 사망자 수가 4.0배 높은 것을 두고 이를 생체실험 사망설을 뒷받침한다고 보았지만, 다고 기치로는 후쿠오카형무소 4.0배(64명→259명), 오사카형무소 8.2배(101명→826명), 히로시마형무소 4.7배(64명→299명), 요코하마형무소 17배(27명→462명), 와카야마형무소 34배(3명→101명)였음을 지적하면서, 윤동주의 죽음을 후쿠오카형무소 내의 인체실험 증거라고 말하는 것은 다른 형무소의 사정을 고려하지 않고 말하는 무리한 주장임을 말하였다(多胡吉郎, 2017). 하지만 다고 기치로의 의견은 일본의 거대한 침묵체계에 따른 증거 인멸과 증언 거부, 근대일본의 제도적 비균질성 문제를 감안하지 못한 상태에서 나온 의견이라고 말할 수 있다. 다고 기치로는 1945년 일본 전체의 형무소 사망자 급증 현상은 식량사정을 기본값으로 하는 사태임을 말하고 있지만, 이를 윤동주-송몽규의 죽음에도 적용할 수 있는 문제라고 보기는 어렵다. 윤동주-송몽규가 후쿠오카교정관구의 10개 형무소 중에서도 특히 후쿠오카형무소 수감자였다는 사실, 후쿠오카형무소는 규슈제국대학 의학부의 전쟁의학범죄 현장과 연계된 곳이었다는 사실, 그리고 윤동주-송몽규의 의문사 관련 조각정보가 가리키는 점에 유의한다면 생체실험 사망설은 쉽게 기각되기 어렵다고 말할 수 있다.

으로 답변을 회피했다. 거대한 침묵체계가 계속 작동되고 있음을 파악할 수 있다. 윤동주를 검거했던 고로키 사다오 형사는 1982년에 사망했다. 과거 일본의 여론은 생체실험의 대상을 미군포로로 한정하였으며, 윤동주의 사인이 생체실험임을 강력히 부인하였으나, 2010년 이후부터는 생체실험의 재료로 사상범(조선독립운동가)들이 이용되었다는 방향으로 여론지형이 바뀌고 있다.

2009년 SBS의 <광복절 특집 그것이 알고싶다 727회: 윤동주, 그 죽음의 미스터리>(SBS, 2009.8.15.)에서는, 미국 국립도서관 해제 기밀문서에는 1948년 일본 전범재판 관련 문서가 들어있었는데, 그 분석을 통해 당시 규슈제국대학 의학부에서 후쿠오카형무소 재소자들을 상대로 바닷물 수혈 생체실험이 실시되었다는 사실을 확인하였다. 규슈제국대학 의학부의 생체실험이 후쿠오카형무소에서 진행되었다는 사실까지를 확인한 셈이다.

2019년 2월 16일에 NHK에서 반영된 윤동주 다큐멘터리 <시인 윤동주를 읽는 사람들>에서는 윤동주의 사인을 생체실험으로 인정하였다(NHK, 2019.2.16.). 윤동주가 생체실험을 당했을 거라는 유추를 가능케 하는 증언과 정황으로는 ① 윤동주의 사인은 고혈압 동맥경화증인 '뇌일혈'이라는 사실, ② 미군 포로를 대상으로 한 생체실험으로 동맥에 해수용액을 주입했던 규슈제국대학 사건과 그 사건의 공식 인정 및 문서화, ③ 후쿠오카형무소 수감자들이 정체 모를 주사액 주입 후, 뇌의 활동이 현저히 떨어졌다는 사실, ④ 윤동주(사망: 1945.2.16.)-송몽규(사망: 1945.3.7.)의 시신을 규슈제국대학 의학부측에 해부용으로 건네기 위한 방부제 시약 처리 작업 등을 들 수 있다(김보예, 2020b). 그것은 생체실험 네트워크로 불릴만한 동력을 갖고 움직인 심각·중대 전쟁범죄인 것이고, 그 의문의 죽음에 대한 전체적 정황(생체실험 네트워크)을 고려한 엄정한 문제 제기방식은 합리적 의심과 질문을 통한 검증작업의 범주에 속한다고 말할 수 있다.

미국국립보건원(NIH) 연구윤리 연보(Research Ethics Timeline) [1932-1945년] 항목에서는, ① 731부대 과학자들의 극악무도한 생체실험—생체 해부, 인간 냉동, 세균 감염, 독가스 실험 관련 범죄행위를 제시하였고, ② 미국 정부는 731부대의 생체실험 자료를 건네받는 대신 이들의 만행을 묵인하고 전쟁범죄로 기소하지 않기로 합의했다는 사실을 폭로하였고, ③ 731부대를 기점으로 하는 범죄의 결과, 근대 한국의 저명한 시인 윤동주도 생체실험이라는 만행의 희생자가 되었음을 지적하였다(https://www.niehs.nih.gov/).

일본에서는 특히 2000년대 이후 극우세력이 폭증, 준동하고 있고, 이들은 일본의 전쟁범죄를 부인하는 방식의 역사수정주의의 길을 내딛고 있다. 이는 전쟁범죄에 대한 반성과 책임과 사죄가 제대로 이루어진 적이 없었던 탓에 여기저기 쉽게 나타나는 독버섯들이다. 이 엄혹한 동아시아의 역사·사회 문제를 현실로 마주하면서도, 우리는 윤동주의 앎과 삶, 그 궤적을 사유하고 성찰하고 난 후에는 약속이나 한 것처럼, 윤동주를 내세워 사랑과 평화의 언어를 구사하는 방식으로 나아가는 데 익숙해져 있다.

윤동주에 대한 관심과 사랑을 바탕으로 여러 모임을 펼치는 일본인들도 윤동주의 의문의 죽음에 대해 생체실험 사망설을 부인하는 세력들이 늘어날 것이다. 아마도 그들은 계속 윤동주를 기리고 기억하고 그리워하면서도, 윤동주의 생체실험 사망설에 대해서는 외면하거나 부인하거나 일본 질서론을 내세워 일본이 그 정도로까지 악행을 저지르지는 않았다고 두둔하는 모양새를 취할 가능성도 높다. 윤동주의 의문의 죽음에 대해서는 괄호로 묶어 둔 채, 그저 윤동주를 기리고 그리워하고 사랑한다는 입장을 취한다면 이는 진정 윤동주를 사랑하는 사람들이 지닐 마음가짐이나 태도라고 말하기는 어렵다. 누군가를 기리고 그리워하고 사랑하는데도 그에 상응하는 자격이 필요하다고 말하는 것은 이 때문이다.

제9장

그를 기리고 기억하고 그리워할 자격

1. 제도 문단의 문인 작가들과 달랐던 윤동주

윤동주의 시집 『하늘과 바람과 별과 시』는 미발간본(1941.11.20.), 초판본(1948.1.30.), 재판본(1955.2.16.)으로 나뉜다. 윤동주의 시, 시심, 시세계는 그의 삶의 과정에서 피어나는 역사·사회적 산물이라는 점을 감안한다면, 그 해석과 대응은 면밀한 검토가 요청된다고 말할 수 있다.

1941년 11월 20일에 엮은 시집이 미발간본이라는 점에서, 관심은 1948년 1월 30일에 정음사에서 출간한 『하늘과 바람과 별과 시』 초판본에 쏠리게 된다. 초판본은 윤동주의 유고 31편을 모아 서문(정지용)과 발문(강처중)과 추도시(유영)를 붙였다.

초판본 편집·간행 참여자들은 윤동주에 대해, '시와 조선과 인민'을 상상하는 텍스트로 기억하고자 했기에, 초판본은 불온한 텍스트로 오인될 위기를 안고 있었고, 그리하여 단독정부 수립 후 초판본 관련자들은 배제되거나 전향하거나 월북했다(정우택, 2017).

한국전쟁이 끝난 후 정치·문화적 재편 과정을 거치면서 『하늘과 바람과 별과 시』도 재판본 출간이 요구되었다. 1955년 2월 16일, 정병욱은 『하늘과 바람과 별과 시』 재판본 출간을 통해 윤동주 관련 컨텍스트의 재정립을 시도했다. 재판본에서는 '시와 조선과 인민' 대신에 '조국과 자유와 문학' 내지 '자유와 민주주의'라는 표상을 통해 발문을 구성하면서(정우택, 2017), 윤동주는 이제 민족시인을 기본값으로 하는 새롭고 다양한 이미지가 창출되기 시작하였다.

제국 일본에서 타자로 살아가며 조선어로 시 쓰기에 고투했던 윤동주는, 제3차 조선교육령(1938)에 따라 1939년 조선의 모든 학교에서 조선어가 폐지되고 국어=일본어 전용이 실행되었을 때에도, 일본의 대학에서 일본어로 수업을 듣고 시험을 볼 때에도, 끈질기게 조선어 글쓰기, 조선어로 시 쓰기를 수행하였고, 그것이 시인을 열망했던 윤동주 자신의 삶과 존재의 정체성을 증명할 수 있는 유일한 방법이기도 했다(정우택, 2021). 제도 문단에서 활동했던 대부분의 작가 문인들이 일본어로 글쓰기를 하는 마당에, 그것도 국민문학의 이름으로 우렁차게 황국신민의 길을 나서던 시점에서, 윤동주는 조선어로 시를 쓰고 이를 통해 식민의 현실을 치고나가는 출구로 삼고자 하였다. 그 역설적인 삶이 그를 예외적인 위치의 특별한 존재로 만들기도 했을 것이다. 어쩌면 윤동주가 특별한 것이 아니라 당시의 많은 문인 작가들이 제국주의 파시즘/식민지세상이라는 진창에 발을 들이미는 삶으로 빠져든 것이 문제였다. 이를 면암 최익현의 어법으로 말하자면 여기저기에 "우리 안의 역적들"이 출몰하는 세상이 되고 만 것이다. 이렇게 우리는 잘못된 길을 너무 멀리 가버렸다. 너무 멀리 가버렸기에, 어쩌면 이제 제자리로 돌아오기는 사실상 불가능에 가까운 것인지도 모른다. 윤동주를 일컬어 제도 문단의 문인 작가들과 달랐다고 말하는 까닭은 무엇인가. 이어령은 한국 문단은 애초부터 문학의 길을 똑바로 걷지 않고 정치의 길로 빠졌다고 질책하면서 그들은 '문단'(文壇)이 아닌 '문당'(文黨)에 편입된 자들이라고 비판한 바 있다. 그 분류 기준으로 보면, 윤동주야말로 여느 문인 작가들과는 달리 문학의 본질에 충실했고 시를 쓰는 마음으로 삶을 추구했던 존재였다고 말할 수 있다.

윤동주는 흔히 저항시인, 민족시인, 애국시인, 서정시인, 청년시인, 국민시인, 기독교시인이라는 이미지로 그려진데다가, 2000년대 이후로는 일본 내의 윤동주 관련 모임과 활동, 그리고 윤동주의 생체실험과 죽음의 비밀을 추적하는 연구가 진행되고 있다. 그러한 흐름 속에서, 윤동주는 도쿄의 릿쿄대학에서, 교토의 도시샤대학과 교토조형예술대학에서, 그리고 그를 비극의 죽음에 빠트렸던 후쿠오카형무소 인근에서 그를 사랑하고 그리워하고 기리는 포퍼먼스는 계속되고 있다. 어차피 가능한 일은 아니겠지만, 정작 사랑을 보여야 할 그 많은 전쟁범죄의 희생자에 대해서는 무반성·무책임으로 일관하면서 몇몇 대상을 선정하여 그들을 사랑하겠다는 접근법은 적절한 인식과 대응이라고 말하기 어렵다. 그들은 사랑을 너무 경제적으로 하고 있는 것인지도 모른다. 누군가를 기리고 그리워하고 사랑할 수 있는 자격, 그것은 그렇게 어려운 일이다.

2. 윤동주 매직에 빠진 사람들에게 건네는 말

윤동주의 죽음을 자연스런 죽음이라고 보는 사람은 없다. 그의 죽음은 누가 보아도 의문투성이의 죽음이다. 윤동주 생체실험 사망설에 대해서는 이를 사실로 받아들이는 입장과 억측이라고 보는 입장으로 나뉜다. 하지만 일단 윤동주와 송몽규가 나란히 치안유지법 위반 죄목으로 체포되었고, 재판 결과 후쿠오카형무소에 수감되었고, 19일 간격(1945.2.16.: 윤동주 의문사, 1945.3.7.: 송몽규 의문사)을 두고 죽음이 이어졌다는 사실을 놓고 보면, 아무리 톤을 낮추어 얘기하더라도 이를 예사로운 죽음이라고 보기는 어렵다. 윤동주와 송몽규의 죽음에 관해서는, 후쿠오카형무소 측의 고역징계주의와 행형밀행주의에 따라 수감생활 전반에 대한 기록과 증거가 사실상 전혀 남아있지 않다. 관련 증거 정황을 감추고 숨기고 침묵하는 자들로 인해 윤동주의 죽음에 관한 의혹은 전혀 풀리지 않은 상황이다. 매우 심각한 범죄행위에 대한 거대한 침묵, 이 또한 악의 편에 선자들의 작용에 의한 것임은 분명한 사실이다. 일부의 단편적·제한적인 목격담이나 자료 등을 종합하여 내리는 결론이 의문의 죽음을 가리킬 수밖에 없는 것이라면, 그러한 중론은 분명 합리적 의심의 영역에 속한다고 말할 수밖에 없다.

니시오카 겐지(西岡健治)[1]는 한일관계사가 원만하지 못한 상태에서도 윤동주 시인을 얘기할 때는 두 나라 사람들이 선린우호와 화해협력의 방향성을 보여준다면서 이러한 현상을 '윤동주 매직'(尹東柱マジック)이라고 명명했다(朝日新聞, 2015.3.2.). 예컨대, 기독교인인 윤동주는 일본인을 용서할 수 없을 것임에도 불구하고 용서하려 했고 용서하고 있었던 것이 아닌가라는 생각이 든다거나, 윤동주는 과거를 간파할 뿐만 아니라 미래도 함께 내다보았던 예언자였다고 치켜세운다거나, 「서시」에서 말하는 "모든 죽어가는 것을 사랑해야지"라는 말에는 미워하고도 남을 일본인들도 포함되었을 것이라는 식의 말들은 모두 일본의 윤동주 관련 모임 및 활동 과정에서 등장하는 상상력에 해당하며 이는 소위 윤동주 매직의 자가발전 양상에 해당한다고 볼 수 있다(日本基督教団出版局

---

1 후쿠오카현립대 명예교수 니시오카 겐지는 윤동주의 「서시」에 매료되어 1994년에 '후쿠오카·윤동주의 시를 읽는 모임(福岡·尹東柱の詩を讀む會)'을 결성했던 인물이다. 평소 '윤동주 정신'으로 살아간다는 니시오카 겐지는 2015년 2월부터 윤동주 시인의 70주기를 맞아 "식민지배 가해자인 일본인들이 윤동주를 기려야만 과거사에 대한 진정한 반성이 이뤄질 수 있다"는 생각을 갖고 윤동주 시인이 죽음을 맞이한 옛 후쿠오카형무소 주변에 시비를 건립하는 운동을 해왔지만 후쿠오카시 사와라구청의 반대에 막혀 건립이 결국 무산되었다. 니시오카 겐지는 8년에 걸쳐 옛 후쿠오카형무소 자리 인근 모모치니시공원에 시비 건립을 타진했지만 관할 지자체인 사와라구로부터 윤동주 시비가 "시민의 교양에 기여하는 것으로 인정되지 않는다"는 거절통지서만 돌아왔다(동아일보, 2023.5.19.).

編, 1995).

이부키 고의 서시 번역상의 오류 문제 또한 윤동주 매직의 자장 안에서 드러난 것임을 알 수 있고, 이는 윤동주 평론에서 '저항시인으로서의 면모'와 '보편적이면서도 실존적인 사랑'이라는 두 시각의 충돌(홍이표, 2006) 현장에서도 후자가 득세하는 현상을 드러낸다고 말할 수 있다. 이 지점에서 다음의 평론에 유의하면서 논의를 이어갈 필요가 있다.

> 지난 17일치(2006.6.17.: 저자 주) <한겨레>에서 '윤동주 <서시> 일본어 번역본 오류 있다'라는 기사를 읽었다. 연세대 윤동주 기념사업회 일을 6년간 보아오면서 윤동주에 대한 여러 해석을 눈여겨보곤 하였다. 윤동주 시들을 항일 의도로 읽지 않고 빼어난 서정시로 읽으면 그가 더 보편적인 시인으로 자리잡지 않겠느냐 하는 논자가 없는 것이 아니다. 그러나 일반적으로 모든 작가나 시인은 그가 태어난 시대에 포위된 관념으로부터 벗어나지 못한다. 가해자 집단이 설치는 시대에 피해자였던 작가 의식을 어떻게 그 시대 감각으로부터 벗어난 것으로 해석할 수가 있는가? 나는 그 의도가 옳지 않다고 읽는 쪽이다. '모든 죽어가는 것을 사랑해야지'라는 구절이 '모든 살아있는 것을 사랑해야지'로 바뀐 내역.……모든 가해자는 그가 행한 가해 사실을 숨기거나 기억에서 지워버리고 싶어한다. '거 뭐 대단한 일이라

고 자꾸 과거를 들추느냐? 앞으로 올 미래만이 더욱 중요하지 않으냐?' 따위의 추악한 궤변이 우리 주변에는 횡행한다.……가해자의 얼굴이 낯선 것은 그들이 언제나 자기가 저지른 악행에 대한 일체의 반성이나 자의식이 없기 때문이다.……가해자들은 결코 그런 자의식을 갖거나 그것을 슬픔으로 품어 안지 않는다. 그게 악의 본질이니까. '죽어가는 사람'과 '살아있는 사람'의 의미 차이는 근본적으로 다르다. 사랑 또한 그 너비와 폭은 아예 다르다. 그것을 의도적으로 구겨놓은 일본인 문인의 숨겨진 의도가 너무 천해 보여 한마디 적어둔다. 악당은 언제나 악당일 뿐이고 천박한 것이다.(정현기, 2006)

이부키 고의 「서시」 번역을 맹목적으로 받아쓰기했던 야나기하라 야스코(2015)는 식민 지배와 전쟁을 반성케 하는 진실의 시어는 무엇인가라는 문제의식 아래 한일 양국의 관계 복원을 위해 윤동주 정신으로 돌아가야 한다는 입장을 취하면서, 한일관계사에서 윤동주 정신의 복원이 갖는 성찰적 의미를 제시하였다. 윤동주의 시 속에 담긴 고요한 외침은 한반도를 넘어 같은 시대를 살아가는 수많은 아시아인들의 생각을 대변하는 것이라고 말하면서, 우리가 윤동주의 정신으로 돌아간다면 한일 간을 가로막는 장벽을 허무는 문제, 과거사에 대한 깊은 반성 문제, 양국 관계의 밝은 미래를 기획하는 문제 등을 해결할 수 있다고 보았다.

윤동주의 생체실험 사망설을 사실상 부인했던 다고 기치로(2017)는 윤동주에 대해, 암흑기를 살았던 가장 순수한 영혼이자 순교자의 삶을 그대로 옮긴 듯한 생애를 살았기에, 어떤 시대에도 마르지 않는 샘물처럼 인간성의 개선가가 되고 영원한 길잡이로서 우리 가슴을 울릴 것이며, 사람들 마음에 맑은 별빛처럼 흠 없는 세계를 되살려줄 것이라고 하였다. 그러면서 윤동주의 시를 알게 되면, 인생이 깊어지고, 타인을 돌아보게 되고, 생명의 숨결에 민감해지며, 그 시심, 그 사랑의 마음이 인류에 대한 사랑, 생명에 대한 사랑으로 이어질 것이라고 말하였다. 야나기하라 야스코나 다고 기치로의 윤동주론은 니시오카 겐지의 윤동주 매직의 속성을 크게 닮아있다.

니시오카 겐지, 야나기하라 야스코, 다고 기치로로 대표되는 윤동주론은 윤동주를 기리고 그리워하는 마음의 확장·확산을 통해 한일관계사가 원만하지 못한 상태에서도 두 나라 사람들이 선린우호와 화해협력의 방향성을 보일 것이라는 생각, 한일 간을 가로막는 장벽을 허물고 과거사에 대한 깊은 반성을 보이고 양국관계의 밝은 미래를 기획할 수 있을 것이라는 기대, 그리고 그 시심과 사랑의 마음이 인류에 대한 사랑과 생명에 대한 사랑으로 이어질 것이라는 숭고한 희망을 제시했다는 점에서, 정서적 공감을 쉽게 얻을 수 있는 관점이라는 것을 알 수 있다. 그런데 잠시만 달리 생각해보면, 그러한 생각과 기대와 희망을 말하는 일에 굳이 윤동주를 표본으로 내세워야 하는 것인지에 대해서는 납득하기 어려운 점도 있다.

양국의 선린, 우호, 교류, 협력, 사랑, 화해, 용서를 거론하는 일은 엄연히 국가적 차원의 접근과 대응과 해법이 필요한 사안임에도 불구하고, 여기에 윤동주 정신을 거명하는 것은 국가사회적 책임의 문제를 개인 차원의 양심과 교양과 시민의식의 문제로 국부화·부분화시키는 것은 아닌가. 이처럼 윤동주 정신을 마법 상자로 삼거나 만능 장치로 여기는 태세는 오히려 근현대사 문제에 대한 근본적인 해법을 가로막는 것일 수도 있지 않겠는가를 살펴볼 일이다. 윤동주 매직이라는 자석에 달라붙는 쇠붙이들은 선린-우호-교류-협력-사랑-화해-용서라는 이름으로 등장하는 것들이다. 하지만 조금만 정색하고 살펴보더라도, 이런 식의 접근법이 근현대사 문제에 대한 현실적인 처방이 될 것인지는 의문이다. 이런 현실적이지 못한 처방의 언어는 그저 덕담 수준의 언어, 듣기 좋은 말 이상의 힘을 갖기는 어려울 것이다. 이런 식의 마취성과 휘발성이 강한 언어, 역사사회적 현실을 준엄하게 포착하기 어려운 언어는 윤동주 매직이라는 포장지에 싸인 환상과 착각에 불과한 기대와 희망일 뿐이다. 그 접근과 해석법으로는 한일 양국의 문제를 푸는 정면 해법이 되기 어렵다는 사실에 주목해야 한다.

우리는, 이런저런 성찰과 반성과 참회를 위한 무수하고도 다종다양한 소재를 놔두고 굳이 윤동주 정신으로 돌아가자는 얘기를 습관처럼 되뇌는 장면을 만나게 된다. 그냥 할 수 있는 일, 그냥 하면 될 일에 대해서도 윤동주를 동원하는 그 발상은 근현대사의 질곡을 푸는 정직한 해법이라고 말하기 어렵다. 일본발 윤동주 매직에 대해 정색하고 말하자면, 윤동주 매직이라는 덕담 수준의 그럴듯한 얘기 말고 진정 윤동주에 대한 얘기를 할 수 있었으면 좋겠다는 점을 지적하고자 한다. 한일 간의 과거사에 대해 깊이 반성하고 이런저런 장벽을 넘어 보다 깊이 상대방의 면면을 이해하고, 양국관계의 밝은 미래를 복원하는 일은 윤동주를 괄호에 넣고도 얼마든지 할 수 있고 해낼 수 있는 일들이다. 냉정하게 말하자면, 이러한 일을 해내는 일은 윤동주를 기리고 그리워하고 사랑하는 일과 별개의 사안들이다. 진정 윤동주 정신을 말하겠다면, 윤동주의 생애, 그의 삶이 어떤 고통과 비극과 파멸로 이어졌는지를 헤아릴 일이며 그 과정에서 근현대사의 질곡을 제대로 포착하여 윤동주론을 재구성하면 될 일이다. 국가 차원에서 자행된 전쟁범죄에 대한 처분 작업은 윤동주와 무관하게 진행되어야 할 국가적 차원의 반성과 사죄와 책임의 영역이다. 진정 윤동주를 위한다면, 흔전만전 윤동주를 앞세우고 거기에다 사랑, 생명, 미래를 무한 반복하는 덕담 성격의 일들, 그 무망한 기획은 재고되어야 마땅한 일이다.

3. 윤동주를 통해 윤동주를 말하게 하라

일본의 근현대사적 특성을 간략 규정하자면, 그들 전

쟁세대는 이웃 나라에서 잔인한 범죄를 저질러놓고도 이를 아무 일 없었던 것처럼 역사의 무덤에 묻어버린 자들이라고 말할 수 있다. 그들은 하얼빈에서 난징, 미얀마에서 남양군도까지, 평화와 속죄를 담은 조형물은 하나도 만들지 않았지만, 너무나 대조적으로 히로시마와 나가사키에는 원폭 피해 위령탑을 세웠던 자들이다(송호근, 2019). 그들은 적어도 52년 전쟁(1894~1945) 내지 15년 전쟁(1931~1945)으로 규정될 수밖에 없는 전쟁범죄와 만행을 부정하고, 오히려 이를 10일 전쟁(1945.8.6.~8.15.)으로 색칠하면서 피해자 코스프레를 계속하고 있다. 그들의 속내를 말하자면, 애초부터 반성할 것도 사죄할 것도 책임질 것도 아예 없다는 뻔뻔함의 극치를 드러내는 집단이다. 그리하여 전쟁범죄에 대한 반성과 사죄가 작동되지 않는 행태가 계속되면서, 일본사회는 갈수록 극우적 세계관이 준동·횡행하는 양상을 띠고 있다.

> 1937년 12월, 일본은 난징 침공에서 30만 명을 학살했다. 일본군은 살인기계였다. 살인, 강간, 학살, 방화 등 모든 유형의 만행을 '오족협화' 명분으로 자행했다. 난징학살추모관 벽에 숫자 '300,000'이 씌어 있다. 악의 평범한 자행, 당시 죄의식은 없었다. 왜 그랬을까? 살인축제에 참여한 병사들은 전후 가슴앓이를 하다가 대체로 1990년대에 죽었다. 국회의원 이시하라 신타로가 중국에 조롱하듯 물었다. 학살 증거를 대보라고. 1942년에 일본군은 '삼광(三光)작

> 전'을 벌였다. 모조리 불태우고(燒光), 모조리 죽이고(殺光), 모조리 뺏는다(搶光).(호사카 마사야스, 정선태 역, 『쇼와 육군』)[2]
> ……나의 '적의'는 100만 징용자의 강제노역, 수만 징병자의 죽음, 수천 명 무고한 조선인의 학살 현장에서 피어오른다. 3·1운동 당시 농민, 학생시위대 교살 장면은 분노를 현재화하고야 만다.(송호근, 2019)

근현대사 속에서 제국의 세계를 살아가는 자들, 그 추억에 젖어 살아가는 자들에 의해 제시되는 식민지를 향한 유혹의 언어 중의 하나로 '친밀성'이라는 개념을 들 수 있다. 하지만 그 친밀성은 발생사적으로 평등·대등한 관계가 깨진 상태에서의 친밀성이기에 그저 불평등 관계의 본질을 은폐하는 도구적 성격을 갖는다는 점에서 기만적이다. 우리는 한일 간에 오고가고 주고받는 선린, 우호, 교류, 협력, 사랑, 화해, 용서 등의 언어가 한국과 일본 사이에서 평등하게 작동하는 친밀성일 수 없음을 냉철하게 깨달

---

2 논픽션작가 호사카 마사야스(保阪正康)는, 쇼와시대의 일본 육군을 "허술하게 쌓아올린 목재더미"로 비유하면서, 그 광기로 인해 이제까지 일본의 모든 역사와 제도가 함께 무너졌다는 점을 지적하였다. 호사카 마사야스는 1942년의 일본군의 삼광(三光=燒光, 殺光, 搶光) 작전을 말했지만, 이렇게만 말하면 근대사에 대한 오독이다. 일본군의 근대전쟁은 그 자체가 삼광작전의 연속이었다. 대표적인 것이 한국근대사의 비극, 그 시작을 알리는 동학농민군에 대한 삼광작전이었다. 그것은 다른 말로 설명이 안 되는 광기 그 자체였다.

아야 한다.

윤동주는 탈정치화·탈역사화 과정을 거치면서 일본사회의 공적 기억 속에 좀더 '덜 불편하게' 흡수될 수 있는 대표 인물로 떠올랐다(김신정, 2009). "윤동주를 통해 윤동주를 말하게 하라"는 주문은 본래·본연의 윤동주와는 동떨어진 얘기를 거두어달라는 뜻을 담은 얘기이다. 가해자/지배자/제국의 입장에서 피해자/피지배자/식민지에 대한 범죄와 만행을 일체 언급하지 않은 채 윤동주를 향해 대뜸 종교적 예언자이자 순교자, 선린우호와 화해협력과 인류평화를 노래하는 시인이라는 이미지를 만들어내는 일이야말로, 윤동주와는 유리된 윤동주상을 조립하는 일이기에 이는 받아들이기 불편하고도 곤란한 얘기가 될 것이다. 윤동주 해석에서 너무 쉽게 하느님을 불러오고 덩달아 일본의 전쟁범죄를 삭제하는 방식을 취하면서 일본인들이 윤동주에게 매료되었다는 식으로 말하는 것은 정직한 어법이 될 수 없다. 누군가를 무언가를 그리워한다는 것, 그 그리움에도 자격이 필요하다. 반성과 사죄를 제대로 해본적도 없으면서 함부로 쉽게 누군가를 무언가를 그리워한다는 것, 그것은 기만과 폭력의 편에 선 자들의 몸짓과 크게 다르지 않은 것일 수도 있다.

본래·본연의 윤동주를 대면하는 일, 이는 윤동주의 시대에 대한 냉엄한 성찰과 정밀한 천착을 통해 이루어질 수 있다. 일제 강점자들의 식민 통치 정책에서 드러난 기만성, 야만성, 폭력성, 그리고 인권 범죄를 제대로 들여다보지 않으면 안 된다. 식민지에서 태어나서 자라나고 살아갔던 사람들의 이야기가 파멸과 죽음의 언어로 짜여질 수밖에 없는 것도 이러한 일본인 특성론과 깊은 연관이 있다. 그 엄혹한 식민지 현실을 살아갔던 윤동주가 젊은 날에 겪었던 자아 분열과 정체성 상실의 문제, 그리고 제국일본의 폭압으로 인해 스러져갔던 그의 처연한 삶에 대해 정면으로 독해하는 작업, 그 동력을 통해 향후 한국근현대사에 대한 질문의 심층과 성찰의 지평을 확보해나갈 필요가 있다.

윤동주는 1990년에 건국훈장 독립장을 수여받았고, 2007년에는 '12월의 독립운동가'로 선정되었다. 송몽규는 1995년에 건국훈장 애국장을 수여받았고, 2023년에는 '2월의 독립운동가'로 선정되었다. 건국훈장은 상훈법 제11조에 따라 대한민국의 건국에 공로가 뚜렷하거나, 국가의 기초를 공고히 하는데 이바지한 공적이 뚜렷한 사람에게 수여하는 대한민국의 훈장이다. 1990년에 상훈법이 개정되면서 5등급체계(대한민국장, 대통령장, 독립장, 애국장, 애족장)를 갖게 되었다.

일본인을 중심으로 한 윤동주에 대한 사랑, 그 동력은 안정적이지 않다. 전체적인 한일 감정선을 놓고 볼 때, 이는 분명 상식적·일상적이지도 않고 건강성도 떨어지는 면이 있다. 일본이라는 국가는 역사문제를 비롯한 근대 전쟁범죄에 대해서는 수정주의적 접근을 통해 우익·극우적 행태를 더욱 강고하게 드러내면서도 유독 윤동주를 테마로 삼는 경우에는 그 코드와 모드가 그를 기리고 그리워하고 사랑하는 포즈로 바뀌며, 그 흐름 속에서 유독 한국과 한국인에 대해 선린, 우호, 교류, 협력, 사랑, 화해, 용서를 주문하는 입장을 취한다. 이는 분명 균질적이지 못한 그들의 세계관과 행동특성을 드러내는 것이다. 윤동주를 특정하다시피 하여 보이는 그들의 관심과 사랑에 대해서는, 그 사랑이 왜 윤동주인가에 대한 질문과 답변이 요청되는 상황임은 분명하다고 말할 수 있다. 그들은 윤동주를 선택하여 그에 대한 사랑에 집중하는 방식으로 어쩌면 너무 쉽고 편한 방법으로 그들 나름의 죄의식을 씻는 의식을 치르고 있는 것인지도 모른다. 그런 관심과 사랑이 한편으로 고맙기는 하여도 근현대 일본이라는 국가의 본질·생리·행태와 너무도 유리된 것이기에 어차피 그 공허와 그 결핍을 채우기는 어려운 일일 수밖에 없다. 그리하여 윤동주를 통해 윤동주를 말하게 하라는 말의 뜻은 윤동주에 대한 본연의 얘기를 펼쳐나갈 것이며 너무 쉽게 함부로 이런저런 장면에 윤동주를 끌어들이지 말라는 주문이기도 하다.

참고문헌

강원용(2003). 역사의 언덕에서1. 서울: 한길사.

고은(2010). 만인보 27·28. 파주: 창비.

고은·김형수(2017). 고은·김형수 대담: 고은 깊은 곳. 서울: 아시아.

김보예(2019). 윤동주의 릿쿄대학 학창 시절: 윤동주가 릿쿄대학을 떠난 사연, '교련 수업 거부'. 광양시민신문. 2019.11.18.

김보예(2020a). 시인 윤동주가 옥사한 후쿠오카 형무소: 윤동주의 죄명은 '조선 문화의 유지 향상'[후쿠오카편①]. 오마이뉴스. 2020.2.10.

김보예(2020b). 윤동주의 죽음, 진상규명 필요한 이유: 시인 윤동주의 죽음과 규슈제국대학 생체해부 사건[후쿠오카편②]. 오마이뉴스. 2020.2.10.

김성연(2020). 윤동주 평전의 질료와 빈 곳: 윤동주와 박치우의 서신, 그 새로운 사실과 전망. 한국시학연구. 61. 9-41.

김신정(2009). 일본 사회와 윤동주의 기억. 한국문학이론과 비평. 13(2). 73-102.

김신정(2016). 만주 이야기와 윤동주의 기억. 돈암어문학. 30. 155-197.

김우종(2000). 김우종의 대학비사(6): 연희 인맥과 파벌 갈등. 한국대학신문. 2000.3.31.

김응교(2012). 만주, 디아스포라 윤동주의 고향. 한민족문화연구. 39. 105-139.

김응교(2018). [동주의 길] 나는 풀포기처럼 피어난다 <13> 아마가세 다리. 동아일보. 2018.1.3.

김응교(2022). 신촌역, 윤동주 「사랑스런추억」의 희망과 사랑: 윤동주 연구·14. 한국문학과 예술. 44. 211-240.

김인섭(2009). 윤동주 시의 '슬픈 천명'과 자기실현: 일본체류기간의 시와 행적을 중심으로. 한국문학이론과 비평. 13(2). 9-36.

김재만(1976). 역자서문. 슈프랑거. 천부적인 교사. 서울: 배영사. 3-8.

김재진(2007). 윤동주의 시상에 담겨진 신학적 특성. 신학사상. 136. 131-172.

김치성(2014). 윤동주 시편 「우물 속의 자상화」 연구: 「자상화」, 「자화상」, 「우물 속의 자상화」의 비교를 중심으로. 비평문학. 53. 39-57.

남송우(2014). 중국조선족문학사에서의 윤동주 연구현황 일고. 한국문학논총. 68. 257-289.

마광수(2005). 윤동주 연구. 서울: 철학과현실사.

박균섭(2006). 창씨개명의 장면 분석과 교육사 서술. 한국일본교육학연구. 11(1). 49-65.

박균섭(2019). 윤동주의 릿쿄대-도시샤대 유학과 그 파장. 아세아연구. 178. 69-96.

박정신(2010). '뒤틀린 해방'의 기억: 숭실대학 이야기. 현상과 인식. 111. 97-112.

박종홍(1938). 현대철학의 제문제. 박종홍전집 I : 1945년 이전 논문. 서울: 민음사.

박종홍(1939). 현실파악. 박종홍전집 I : 1945년 이전 논문. 서울: 민음사.

박치우(1936). 국제작가대회의 교훈: 문화실천에 있어서의 선의지. 박치우전집: 사상과 현실. 인천: 인하대학교출판부.

백창민(2021). 김일성대학과 서울대학교 교수였던 형제의 공통점: 평양 인정도서관장 정두현 ②. 오마이뉴스. 2021.5.29.

서경식(2006). '모어'라는 감옥. 한겨레. 2006.7.14.

손진은(2022). 윤동주를 생각함. 매일신문. 2022.10.7.

송우혜(2004). 윤동주평전: 아직 나의 청춘은 다하지 않았다(재개정판). 서울: 푸른역사.

송호근(2019). 전범국가 일본에 묻는다. 중앙일보. 2019.8.5.

송희복(2018). 윤동주를 위한 강의록. 서울: 글과마음.

안서현(2021). 파리 국제작가회의와 조선 문인들의 '문학의 옹호'. 춘원연구학보. 22. 135-154.

안영희(2019). 제국대학 영문학과 출신 이효석과 나쓰메 소세키의 근대수용과 작품세계. 한민족어문학. 85. 243-274.

유 영(1976). 연희 전문 시절의 윤동주. 나라사랑. 23. 122-127.

유재천(2001). 윤동주의 시 「별 헤는 밤」의 비유구조. 인문언어. 1(1). 185-194.

윤동주(1948). 하늘과 바람과 별과 시: 윤동주유고집. 서울: 정음사.

윤동주(1955). 하늘과 바람과 별과 시: 윤동주시집. 서울: 정음사.

윤동주(1999). 왕신영·심원섭·오오무라 마스오·윤인석 엮음. 사진판 윤동주 자필 시고전집. 서울: 민음사.

윤동주(2016). 하늘과 바람과 별과 시 1955년 증보판 오리지널 디자인 구성품(육필원고·판결문·사진). 인천: 소와다리.

윤일주(1976). 윤동주의 생애. 나라사랑. 23. 149-162.

윤여문(2007). 호주 시드니에서 열린 윤동주 90세 생일잔치: 윤동주 여동생 "오빠는 여자친구도 없이 죽어". 오마이뉴스. 2007.12.30.

윤여탁(2010). 조선족 문학의 위상과 한·중 문학교육 연구: 윤동주를 중심으로. 국어교육연구. 25. 33-56.

윤영춘(1976). 명동촌에서 후쿠오카까지. 나라사랑. 23. 108-114.

윤일주(1976). 윤동주의 생애. 나라사랑. 23. 149-162.

왕신영(2023). 장성언(張聖彦), 白野聖彦: 윤동주 관련 '장성언이 아니라 백성언이 아닐까'. https: //blog.naver.com/sinywang57/223273455985.(2023.11.24.)

외솔회(1976). 윤동주 연보: 윤동주 해적이. 나라사랑. 23. 16-21.

이계형(2019). 윤동주와 북간도 국외독립운동사적지 왜곡. 독립기념관. 381. 16-17.

이기상(2001). 한국사상 속에서 찾아야 하는 '우리 철학'의 단초: 열암 박종홍의 한국철학 정립 모색. 인문학연구. 6. 1-15.

이남호(2014). 윤동주 시의 이해. 서울: 고려대학교출판부.

이수경(2012). 윤동주와 송몽규의 재판 판결문과 『문우』(1941.6)지 고찰. 한국문학논총. 61. 387-424.

이태우(2010). 일제강점기 한국철학자들의 철학관. 인문연구. 58. 389-420.

임현순(2009). 윤동주 시의 상징과 자기의 해석학. 경기 파주: 지식산업사.

작가 황석영석방대책위원회 엮음(1993). 황석영북한방문기: "사람이 살고 있었네". 서울: 시와사회사.

정우택(2017). 『하늘과 바람과 별과 시』 초판본과 재판본의 사이. 한국시학연구. 52. 233-265.

정우택(2021). 시인의 발견 윤동주. 서울: 성균관대학교출판부.

정재정(2018). 정지용, 윤동주, 도시샤대학 ②. 한국일보. 2018.5.9.

정종현(2021). 특별한 형제들: 친일과 항일, 좌익과 우익을 넘나드는 근현대 형제 열전. 서울: 휴머니스트출판그룹.

정창석(1998). 소위 '대동아공영권'의 문화주의: '대동아문학자대회'를 중심으로. 시민인문학. 6. 343-364.

정현기(2006). 의도된 오류와 의도하지 않은 양보: '윤동주 「서시」 일본어 번역본 오류 있다'를 읽고. 한겨레. 2006.6.22.

조의설(1974). 피난시절의 고달픈 학장직. 경향신문. 1974.1.25.

최현배(1973). 나의 걸어온 학문의 길. 나라사랑. 10. 166-176.

한수영(2010). 윤동주 시에 나타난 '하늘'의 형이상학. 비평문학. 36. 343-364.

허경진(2016). 윤동주 하숙집을 시민들 품으로. 경향신문. 2016.6.1.

허소라(2005). [허소라 시인의 연변통신] 윤동주의 여인상. 전북일보. 2005.7.21.

홍성표(2021). 윤동주의 민족의식 형성과 기독교. 동방학지. 197. 143-167.

홍이표(2006). 「서시」 오역에 윤동주 두 번 운다: 윤동주의 하늘은 '소라(空)'가 아니라 '텐(天)'. 오마이뉴스. 2006.8.22.

고노 에이지(1980). 윤동주, 그 죽음의 수수께끼. 현대문학. 26(10). 323-325.

미즈노 나오키(2018). 일본유학시절의 윤동주와 송몽규. 연세대학교 국학연구원 연세학풍연구소. 윤동주와 그의 시대. 서울: 혜안.

야나기하라 야스코(2015). 왜 일본인들은 윤동주를 기리나?: 고요한 외침 속에 살아 있는 양심을 흠모. 월간중앙. 41(8). 194-199.

每日申報(1940). 暴風가튼感激속에"氏"創設의先驅들. 指導的諸氏의選氏苦心談: 七百年前의祖上들을 짜른다: 「香山光郎」된李光洙氏. 『每日申報』 1940.1.5.

徐京植(2006). 母語という暴力: 尹東柱を手がかりに考える. 前夜. 9. 92-99.

茨木のり子(1986). ハングルへの旅. 東京: 朝日新聞社.

伊吹郷譯(1984). 空と風と星と詩. 東京: 記錄社.

上坂冬子(1982). 生体解剖: 九州大学医学部事件. 東京: 中央公論社.

上坂冬子(2005). 新版「生体解剖」事件: B29飛行士, 医学実験の真相. 東京: PHP研究所.

上野直蔵博士還暦記念論文集刊行会編(1963). 上野直蔵博士還暦記念論文集. 東

京: 南雲堂.

上野直蔵先生生誕百年記念誌刊行会編(2000). 師よ師よ: 上野直蔵先生生誕百年記念誌. 東京: 南雲堂.

宇野哲人(1942). 時局に對する斯文會の使命. 斯文. 24(6). 11-15.

遠藤周作(1960/2018). 海と毒薬(改版15版). 東京: 角川文庫.

大村益夫(1997). 尹東柱をめぐる四つのこと. 尹東柱詩碑建立委員會編. 星うたう詩人: 尹東柱の詩と研究. 東京: 三五館.

菊田幸一(2002). 日本の刑務所. 東京: 岩波書店.

熊野以素(2015). 九州大学生体解剖事件: 70年目の真実. 東京: 岩波書店.

小松清編(1935). 文化の擁護: 國際作家會議報告. 東京: 第一書房.

紺谷延子·水野直樹·安齋育郎(2011). 「詩人尹東柱 記憶と和解の碑」建立運動の現状と開示裁判資料の意味. 立命館平和研究. 12. 11-26.

三枝壽勝(1999). 朝鮮文学など讀まなくてもいいわけ: ゾンビどもの世界での對話. http://www.han-lab.gr.jp.

高橋邦輔(2022). 尹東柱·詩人のまなざし. 大阪: 耕文社.

高松孝治(1933). 科学全盛時代の神(立教学院ミツシヨンパンフレツト: no.1). 東京: 立教学院ミツシヨン.

高松孝治(1936). 新時代を神に. 東京: 日本聖徒アンデレ同胞会.

多胡吉郎(2017). 生命の詩人·尹東柱:『空と風と星と詩』誕生の秘蹟. 東京: 影書房. 이은정 역(2018). 생명의 시인 윤동주: 모든 죽어가는 것이 시가 되기까지. 서울: 한울.

常石敬一(1981). 消えた細菌戦部隊: 関東軍第731部隊. 東京: 海鳴社.

常石敬一(1999). 医学者たちの組織犯罪: 関東軍第七三一部隊. 東京: 朝日新聞社.

同志社アメリカ研究所(1986). 上野直蔵先生年譜·主要著書論文一覧. 同志社アメリカ研究. 22(上野直蔵先生追悼号). p.巻頭4p.

同志社大学人文科学研究所編(1968). 戦時下抵抗の研究. 東京: みすず書房.

東野利夫(1979). 汚名: 九大生體解剖事件の眞相. 東京: 文藝春秋.

仲尾宏(2009). 尹東柱のいた頃の同志社. 世界人権問題研究センター研究紀要. 14. 97-116.

中澤俊輔(2017). 治安維持法: なぜ政黨政治は'惡法'を生んだか. 東京: 中央公論新社.

西山勝夫(2012a). 731部隊關係者等の京都大學醫學部における博士論文の檢證. 社會醫學研究. 30(1). 77-85.

西山勝夫(2012b). 731部隊關係者等の京都大學醫學博士論文の構成. 15年戰爭と日本の醫學醫療研究會會誌. 13(1). 9-40.

西山勝夫(2013). 731部隊関係者等の京都大学における医学博士の学位の授与過程. 15年戦争と日本の医学医療研究会会誌. 13(2). 46-70.

日本基督教団出版局編(1995). 藏田雅彦·宇治郷毅·森田進·木下長宏·犬養光博·韓皙曦·高堂要. 死ぬ日まで天を仰ぎ: キリスト者詩人·尹東柱. 東京: 日本基督教團出版局. 고계영 역(1998). 일본 지성인들이 사랑하는 윤동주. 서울: 민예당.

旗田巍(1983). 朝鮮と日本人. 東京: 勁草書房.

平澤正欣(1945). イヌノミCtenocephalus canis Curtisのペスト媒介能力に就ての実験的研究. 京都帝国大学 医学博士學位論文. 1945年9月26日.

松村高夫(1947). 『ヒル·レポート』(上): 731部隊の人体実験に関するアメリカ側調査報告(1947年).

松本和也(2023). 戰時下の<文化>を考える: 昭和一〇年代<文化>の言說分析. 京都: 思文閣.

三品彰英(1940). 朝鮮史概說. 東京: 弘文堂.

楊原泰子(2010). 詩人尹東柱の日本時代の足跡調査. 石炭袋: 詩の降り注ぐ場所. 67. 42-47.

好廣眞一·西山勝夫·宗川吉汪(2019). どんな"さる"だったのだろうか?: イヌノミのペスト媒介能力の実験. 第35回日本霊長類学会大会 ポスター発表(熊本, 2019/07/12-2019/07/14)

ポール·ラッシュ. 飯田徳昭訳. 立教学院史資料センター監修·解説(2008). 日本聖公会: ポール·ラッシュ報告書. 東京: 有斐閣. 東京: 立教大学出版会.

矯正協會(1966). 戰時行刑實錄. 東京: 矯正協會.

15年戦争と日本の医学医療研究会編(2016). 戦争·731と大学·医科大学: 医学者·医師たちの良心をかけた究明. 京都: 文理閣.

第27回日本醫學會總會出展「戰爭と醫學」展實行委員會編(2008). 戦争と医学 パネル集 日本医学界の「15年戰爭」荷担の実態と責任. 名古屋: 三惠社. 제27회 일본의학회총회 출전 「전쟁과 의학」전 실행위원회편(2008). 전쟁과 의학 패널집 일본 의학계의 「15년전쟁」에의 가담 실태와 책임. 나고야: 삼혜사.

Crystal, David(2000). Language Death. 권루시안 역(2005). 언어의 죽음. 서울: 이론과실천.

Weinberg, Gerhard L.(2005). A World At Arms-A Global History Of World War II (Part II Keeping them apart and shifting the balance). Cambridge: Cambridge University Press. 홍희범 역(2016). 2차세계대전사 2: 전세 역전. 과천: 길찾기.

[방송영상]

KBS(1988). 민족시인 윤동주. KBS. 1988.3.1.

KBS-NHK(1995). 하늘과 별과 바람과 시: 윤동주, 일본 통치하의 청춘과 죽음. KBS. 1995.3.12.

SBS(2009). 윤동주, 그 죽음의 미스터리. SBS. 2009.8.15.

YTN(2014). 교토대, 731부대 '생체실험'에 박사학위 수여. YTN. 2014.1.21.

NHK(2019). こころの時代―宗教·人生―「詩人 尹東柱を読み継ぐ人びと」. NHK. 2019.2.16.

[신문기사]

연합뉴스(2006). 정지용 시인, 야나기 무네요시 제자였다. 연합뉴스. 2006.1.3.

세계일보(2011). 윤동주 시비 건립은 평화사회 건설, 국경·민족 초월한 시민들 결속 선언. 세계일보. 2011.8.10.

서울신문(2013). 야나기 무네요시의 조선문화 사랑 진정성 있나. 서울신문. 2013.1.11.

조선일보(2015). "이 끔찍한 짓을 우리가 했습니다" '미군 생체실험' 규슈의대의 반성: 동창회 기부로 역사관 짓고 만행 내용 담은 전시물 비치. 조선일보. 2015.4.6.

동아일보(2015). 1945년 '일 규슈대 생체해부 사건' 목격자 도노 도시오 옹 인터뷰. 동아일보. 2015.8.20.

한겨레(2018). '나라'를 넘어설 때, 커지는 윤동주의 의미. 한겨레. 2018.1.9.

연합뉴스(2019). 일 교토대, 세계 2차대전 당시 생체실험 의혹 논문 검증 거절. 연합뉴스. 2019.3.5.

조선일보(2020). 일급 지식인 포진한 조선일보, 청년 윤동주의 지성과 감성을 일깨우다. 조선일보. 2020.1.1.

중대신문(2022). 시인이라는 천명으로 어둠을 비춰준 별. 중대신문 2022.4.4.

동아일보(2023). "한점 부끄럼 없게"… '윤동주 시비' 추진 일 교수, 후원금 반환 방한. 동아일보. 2023.5.19.

東京新聞(2013). 韓國詩人·尹東柱の足跡解明へ 代表作舞臺は高田馬場?. 東京新聞. 2013.1.15.

朝日新聞(2015). 日韓国交正常化50年·悲劇の詩人の思いを胸に. 朝日新聞. 2015.3.2.

京都新聞(2020). 731部隊と京都大医学部とは. 京都新聞. 2020.2.1.

경북대학교 인문교양총서

경북대학교 인문교양총서 1	한글 편지로 본 조선 시대 선비의 삶 ★2011년 문화체육관광부 우수교양도서 백두현 | 10,000원 | 2011.02.28.
경북대학교 인문교양총서 2	오직 하나의 독일을 이덕형 | 9,000원 | 2011.02.28.
경북대학교 인문교양총서 3	데카르트의 역설 문장수 | 10,000원 | 2011.02.28.
경북대학교 인문교양총서 4	미하일 바흐친과 폴리포니야 이강은 | 9,000원 | 2011.06.30.
경북대학교 인문교양총서 5	쏘로우와 월든 숲속의 삶 박연옥 | 7,000원 | 2011.08.30.
경북대학교 인문교양총서 6	존 밀턴의 생애와 사상 최재헌 | 9,000원 | 2011.09.08.
경북대학교 인문교양총서 7	토마스 아퀴나스에게 듣는 인간학의 지혜 이명곤 | 10,000원 | 2011.11.30.
경북대학교 인문교양총서 8	노자의 눈에 비친 공자 김규종 | 8,000원 | 2011.12.26.
경북대학교 인문교양총서 9	세계화 시대의 한국연극 김창우 | 12,000원 | 2012.01.31.
경북대학교 인문교양총서 10	새로운 민주주의와 헤게모니 양종근 | 10,000원 | 2012.01.31.

경북대학교 인문교양총서 11

10개의 키워드로 이해하는 아리스토텔레스 철학
전재원 | 9,000원 | 2012.01.31.

경북대학교 인문교양총서 12

삼국유사 원시와 문명 사이
정우락 | 9,000원 | 2012.01.31.

경북대학교 인문교양총서 13

자연을 닮은 생명 이야기
이재열 | 9,000원 | 2012.01.31.

경북대학교 인문교양총서 14

한국 현대 대중문학과 대중문화
전은경 | 10,000원 | 2012.01.31.

경북대학교 인문교양총서 15

함세덕, 그가 걸었던 길
김재석 | 10,000원 | 2012.01.31.

경북대학교 인문교양총서 16

니체와 현대예술
정낙림 | 10,000원 | 2012.05.30.

경북대학교 인문교양총서 17

탈식민주의의 얼굴들
김지현·박효엽·이상환·홍인식 | 10,000원 | 2012.05.31.

경북대학교 인문교양총서 18

임나일본부설, 다시 되살아나는 망령
주보돈 | 9,000원 | 2012.07.30.

경북대학교 인문교양총서 19

김시습과 떠나는 조선시대 국토기행
김재웅 | 10,000원 | 2012.12.31.

경북대학교 인문교양총서 20

철학자의 행복여행
이상형 | 10,000원 | 2013.02.28.

경북대학교 인문교양총서 21

러시아 고전 연애로 읽다
윤영순 | 9,000원 | 2013.02.28.

경북대학교 인문교양총서 22

민족의 말은 정신, 글은 생명
이상규 | 12,500원 | 2013.08.30.

경북대학교 인문교양총서 23 | **영국 낭만주의 시인들의 자연 친화**
김철수 | 7,500원 | 2013.10.10.

경북대학교 인문교양총서 24 | **동화가 말하지 않는 진실** - 그림 형제의 동화
김정철 | 7,000원 | 2014.02.19.

경북대학교 인문교양총서 25 | **교양 일본문화론**
★2014년 세종도서 교양부문
이준섭 | 9,000원 | 2014.02.28.

경북대학교 인문교양총서 26 | **훔볼트 형제의 통섭**
김미연 | 10,000원 | 2014.02.28.

경북대학교 인문교양총서 27 | **사서삼경 이야기**
이세동 | 10,000원 | 2014.08.14.

경북대학교 인문교양총서 28 | **증점, 그는 누구인가**
임종진 | 9,000원 | 2014.10.22.

경북대학교 인문교양총서 29 | **토니 모리슨의 삶과 문학**
한재환 | 9,000원 | 2015.05.29.

경북대학교 인문교양총서 30 | **사고와 언어 그리고 과학과 창의성**
김노주 | 10,000원 | 2015.10.20.

경북대학교 인문교양총서 31 | **괴테, 치유와 화해의 시**
최승수 | 8,000원 | 2016.09.09.

경북대학교 인문교양총서 32 | **기억의 정치와 역사**
황보영조 | 10,000원 | 2017.05.10.

경북대학교 인문교양총서 33 | **일상에서 이해하는 칸트 윤리학**
김덕수 | 10,000원 | 2018.04.27.

경북대학교 인문교양총서 34 | **화두를 찾아서**
★2018년 올해의 청소년교양도서
김주현 | 10,000원 | 2017.11.30.

경북대학교 인문교양총서 35 | 쾌락에 대하여
전재원 | 9,000원 | 2018.05.28.

경북대학교 인문교양총서 36 | 유신과 대학
이경숙 | 10,000원 | 2018.06.27.

경북대학교 인문교양총서 37 | 19세기 유럽의 아나키즘
★2019년 세종도서 교양부문 우수도서
채형복 | 10,000원 | 2019.01.29.

경북대학교 인문교양총서 38 | 선비와 청빈
★2019년 세종도서 교양부문 우수도서
박균섭 | 9,000원 | 2019.03.28.

경북대학교 인문교양총서 39 | 물리학의 인문학적 이해
김동희 | 10,000원 | 2019.10.31.

경북대학교 인문교양총서 40 | 비부한선 - 조선시대 노동의 기억
★2020년 세종도서 교양부문 우수학술도서
김희호 | 9,000원 | 2019.12.26.

경북대학교 인문교양총서 41 | 누정에 오르는 즐거움
권영호 | 14,000원 | 2019.12.27.

경북대학교 인문교양총서 42 | 마당극 길라잡이
김재석 | 10,000원 | 2020.06.19.

경북대학교 인문교양총서 43 | 감정, 인간에게 허락된 인간다움
- 다섯 가지 감정에 관한 철학적인 질문
신은화 | 9,000원 | 2020.08.14.

경북대학교 인문교양총서 44 | 일연과 그의 시대
한기문 | 10,000원 | 2020.11.16.

경북대학교 인문교양총서 45 | 대중서사와 타자 그리고 포비아
김상모 류동일 이승현 이원동 | 12,000원 | 2021.2.25.

경북대학교 인문교양총서 46 | 일본 미디어믹스 원류 시뮬라크르 에도江戸
손정아 | 10,000원 | 2021.5.18.

경북대학교 인문교양총서 47 | 막심 고리키의 인간주의
이강은 | 10,000원 | 2021.6.14.

경북대학교 인문교양총서 48 | 최한기의 시대 진단과 그 해법: 통섭형 인재되기
김경수 | 9,000원 | 2021.7.8.

경북대학교 인문교양총서 49 | 순례의 인문학 – 산티아고 순례길, 이냐시오 순례길
황보영조 | 14,000원 | 2021.7.8.

경북대학교 인문교양총서 50 | 새봄, 그날을 기다린다 – 나혜석의 봄은 왔을까
정혜영 | 10,000원 | 2022.5.12.

경북대학교 인문교양총서 51 | 영국 소설, 인종으로 읽다
허정애 | 12,000원 | 2022.5.12.

경북대학교 인문교양총서 52 | 『논어』 속의 사람들, 사람들 속의 『논어』
이규필 | 12,000원 | 2022.6.8.

경북대학교 인문교양총서 53 | 거대한 뿌리: 박정희 노스텔지어
강우진 | 12,000원 | 2022.12.23.

경북대학교 인문교양총서 54 | 자연과 공생하는 유토피아
– 셸링, 블로흐, 아나키즘의 생태사유
조영준 | 12,000원 | 2022.9.8.

경북대학교 인문교양총서 55 | 철학으로 마음의 병 치유하기
주혜연 | 12,000원 | 2022.10.31.

경북대학교 인문교양총서 56 | 애덤 스미스 『도덕감정론』 읽기 – 상업사회 탐구
김영용 | 15,000원 | 2023.8.14.

경북대학교 인문교양총서 57 | 1930년대 일본, 잡지의 시대와 대중
– 『모던 일본』과 '모던'계 잡지
장유리 | 12,000원 | 2023.8.31.

경북대학교 인문교양총서 58
온라인 친구와 아리스토텔레스의 친구 사랑의 철학
전재원 | 12,000원 | 2023.8.30.

경북대학교 인문교양총서 59
일제의 전쟁과 학생 강제동원
- 대구 전쟁시설 건설과 국제법 위반
김경남 | 13,000원 | 2024.6.17.

경북대학교 인문교양총서 60
역병의 시대, 조선 지식인의 삶과 공부
송수진 | 13,000원 | 2024.7.5.

경북대학교 인문교양총서 61
윤동주의 대학과 형무소
박균섭 | 15,000원 | 2024.8.30.

경북대학교 인문교양총서 62
조선의 경성에도 자동차시대는 왔다
- 자동차 모빌리티와 정동의 변화
김도경 | 출간 예정

경북대학교 인문교양총서 63
OTT 플랫폼 영화와 드라마로 읽는 글로벌 문화 콘텐츠
이정화 | 출간 예정